왕초보 탈출 영단어 **ABC** 시리즈의 특징

1 단어와 필수문장을 신속하게 습득한다 : 하루10분

바쁜 일상 속에서 영어의 기초를 다지고, 나아가 일상회화 및 비즈니스 회화
까지 발돋움 할 수 있도록 단어마다 2개의 필수문장을 제공하여 회화 및
글쓰기에 도움이 될 수 있도록 하였다.

2 기초를 다지고자 하는 중고생과 성인들을 위한 단계별 학습 / 문장력 Up!

➔ **Level 1 왕초보 탈출 영단어** 영어를 처음부터 다시 한다는 마음으로 출발
➔ **Level 2 영단어 기본 다지기** 회화력 Up!
   1권에서 왕초보 딱지를 뗀 후, 읽기, 말하기, 쓰기의 중급실력 다지기
➔ **Level 3 영단어 기본 넘기기** 표현력 Up!
   영어기본의 마지막 단계! 영어의 자신감 되찾기 필수코스!

나에게 맞는 단계를 고르기가 쉽지 않았으나,
3권 시리즈를 통하여 1권기초 → 2권기본 → 3권중급으로 발전하는
자신을 발견할 수 있다.

또한 중고생의 기초학습과, 성인들의 읽기, 말하기, 쓰기에 필요한
필수 문장들을 제공하였다.

3 단어, 예문 학습을 위한 배려 – 주석, 풍부한 예문

예문의 주요단어에 *표로 주석을 달아 학습이 용이하며, 발음기호가 어려운
분들을 위한 [한글발음]을 곁들였다.
또한 각 권600단어 1200문장의 풍부한 학습 분량을 단기간에 학습할 수
있도록 구성하였다.

4 메타학습법 – 시간절약, 장기기억

1일/5일 단위의 복습을 통해, 배운 단어를 기억하고, 학습 전 점검을 통해
시간을 절약하면서 효과적으로 학습할 수 있도록 하였다.

왕초보 탈출 영단어 **ABC**

왕초보 탈출
영단어 Level 1

600단어 1,200문장
2개월 완성 프로젝트

김 희 수 지음

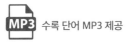 수록 단어 MP3 제공

도서출판

왕초보 탈출 영단어 ABC

Level 1 왕초보 탈출 영단어

초판 1쇄 인쇄 | 2018년 8월 17일
초판 5쇄 발행 | 2025년 1월 10일

지은이 | 김희수
펴낸이 | 안대현
디자인 | 시대커뮤니티
펴낸곳 | 도서출판 풀잎
등 록 | 제2-4858호
주 소 | 서울시 중구 필동로 8길 61-16
전 화 | 02-2274-5445/6
팩 스 | 02-2268-3773

ISBN 979-11-85186-60-3 14740

- 이 도서의 국립중앙도서관 출판예정도서목록(CIP)은 서지정보유통지원시스템 홈페이지(http://seoji.nl.go.kr)와
국가자료공동목록시스템(http://www.nl.go.kr/kolisnet)에서 이용하실 수 있습니다.
(CIP제어번호 : CIP 2018025290)

왕초보 탈출 영단어 ABC

하루 **5~10분** 메타학습의 기적
나에게 맞는 영어교재? 고민 끝! 단계별 학습 가능!

Level 1

왕초보 탈출 영단어

Level 1 **왕초보 탈출 영단어** (600단어 2개월 완성)
영어 초보딱지 떼기!

Level 2 **영단어기본 다지기** (600단어 2개월 완성)
독해, 말하기, 글쓰기 필수단어

Level 3 **영단어기본 넘기기** (600단어 2개월 완성)
영어기본의 마지막 코스! 비즈니스까지

김 희 수 지음

도서출판

이 책을 이용하시는 분들께…

단어는 영어의 생명! 단어 + 문장의 초 특급 프로젝트에 입문!
하셨습니다.

단어지식은 물론 회화, 편지, 비즈니스에 활용되는 문장들을 학습할 수 있습니다.

1 단어 매일 다양한 문장들을 접할 수 있도록 다양한 품사들로 구성하고,
Self-evaluation에서는 가장 자주 쓰이는 의미 위주로 표기했습니다.

> **[단어배열]**
>
> **Level 1** 중후반에 어려운 단어(어렵지만 중요한) 한 두 개씩 넣었습니다.
>
> **Level 2** 뒤로 갈수록 단계가 올라가지만, 지루하지 않도록 쉬운 단어도 함께~
>
> **Level 3** 3권에도 쉬운 단어를 살짝 추가했습니다.
>
> <u>예문에서 새로 등장하는 주요 단어들은 가급적 *로 표시했습니다.</u>

2 예문 회화, 편지, 비즈니스에 활용되는 표현들을 수록했습니다.
'tip', '*'를 참고하시고, 예문 속에 추가된 '*' 단어들도 알아두면
좋습니다.

> **[예1]**
>
> **Tip!**
> 'by'의 여러 가지 뜻
> ①저자: by 사람이름 (~저)
> ②시간: by tomorrow (내일까지)
> ③교통수단: by bus (버스를 타고) 이 외에도 다양하게 쓰입니다.

> **[예2]**
>
> 3권 Day21 Try to *work out ~   *work out: 운동하다
> 1권 Day5   History is my favorite *subject. *1-day46
>   역사는 내가 좋아하는 *과목이다.

3 발음 표기

❖ 한글 표기는 참고만 하시고, 정확한 발음은 영어사전 및 MP3를 활용하시기 바랍니다.

❖ 한글로 표기하기 어려운 발음은 – '실제 발음'에 치중했습니다.

> F, R과L, Thank you의 Th발음, This의 Th발음 등의 표기
>   * Thank you의 Th 발음 : [ㅆ]
>   * This의 Th 발음: [ㄷ]
>   * R발음: run : [런] / bird새: [버~드]
>   * L발음: low : [ㄹ로우] lamp: [ㄹ램프] / bell: [벨]
>   * F발음: free: [프리] / half: [해ㅍ]
>   * 약한 모음: old: [오(울)드]   open: [오우픈]
> 발음강세:
>   * [예] happy: [**해**피] 굵은 글자: 강한 발음, 작은 글자: 약한 발음

4 전체구성

메타인지 영단어 학습법 (Metacognitive Word Memory)

메타인지는 '높은 수준의 사고력' 및 '자신을 성찰하는 능력'을 뜻하며,
이것을 학습에 적용하면 '아는 것과 모르는 것을 구분하여 능률적인 학습이 되도록
하는 능력' 을 의미합니다.

1) **사전진단**(self-test)을 통하여 모르는 단어들을 미리 확인할 수 있습니다.
2) **self test** 페이지와 **learn** 페이지의 문장들을 통해 자연스럽게 단어를 익힙니다.
3) 하루 10단어씩 5일 후면 50개의 단어를 복습하게 되고,
   복습페이지에서 기억이 나지 않는 단어들은 뒤 페이지에서 재확인이 가능합니다.
4) 마지막단계 – 퍼즐
   최종적으로 배운 단어들을 퍼즐을 통해 점검할 수 있고,
   퍼즐을 좋아하지 않는 분들은
   self-evaluation(자기점검) 후 바로 다음 장으로 넘어가셔도 됩니다!

   * **요약하자면 학습구성은** 사전진단 후(test) – 배우고(learn) – 복습하기(evaluation)입니다.

5 하루 5∼10분의 투자로…

각 문장 안에서 단어들이 어떻게 쓰이는지 숙지하여
다양한 영어환경에 익숙해지시기를 바라며, 여러분의 건투를 빕니다!

메타인지 영단어 학습 Q&A
(Metacognitive Word Memory Q&A)

 Q 자! 이제 아는 단어와 모르는 단어를 어떻게 구분한다는 건가요?

본격적으로 학습하기 전에 셀프 테스트(self-test)를 합니다. 학습 단어를 간단한 문장 속에 넣어 두었습니다. 학습자는 이 문장에서 사용된 단어의 뜻을 생각해보고, 아는 단어에만 √ 표시를 하는 거지요.

 Q 단어를 모르면 문장에서
힌트를 얻는다……,
생각을 바꾸니까
그리 어려워 보이진 않네요.

 A 네, 맞습니다.
이렇게 구성된 페이지의 순서에 따라
한 단계씩 밟아가면 됩니다.
학습에 대한 생각을 바꾸면 학습하는
방법과 태도가 달라집니다.

 Q 네 번째 페이지는 Self Evaluation? 이게 뭐지요?

 A 첫 페이지 Self Test가 학습하기 전에 아는 것과 모르는 것을 구분하기 위한 것이라면, 네 번째 페이지 Self Evaluation은 학습을 하고 나서 학습 결과를 평가해보기 위한 것입니다.

Q 앗, 여기 나온 문장,
어디서 많이
본 것 같은데요?

A 어디서 봤을까요?
네, 첫 페이지에 제시했던 바로 그 문장
입니다. 이제 학습을 했으니 첫 페이지의
문장을 다시 보면서 배운 단어를 빈칸에
채워봅니다. 문장과 함께 익힌 단어는
기억 속에 잘 남게 됩니다.

1. Could you _____ that again?
다시 한 번 말씀해 주시겠어요?

2. The game was shown _____.
경기가 생방송으로 중계되었다.

3. Please _____ my mom I'm here.
어머니께 제가 여기에 있다고 전해 주세요.

4. My _____ is in the *parking lot. *parking lot
제 차는 주차장에 있습니다. 주차장

5. I'm always busy with _____.
나는 일 때문에 항상 바쁩니다.

6. It's a really nice _____.
정말로 마음에 드는 영화예요.

7. A sandal *fell into the _____. *fell into
샌들 한 짝이 물 속으로 떨어졌다. ~속으로

8. _____ put it back in the _____.
상자에 도로 넣다.

9. She's _____ very active.
그녀는 여전히 매우 활동적이다.

10. Don't miss the _____ chance.
마지막 기회를 놓치지 마십시오.

016 왕초보 맞춤 ABC

Q 이렇게 학습하면 짧은 시간에 많이 공부할 수 있겠어요.
그럼 리뷰 페이지는 어떻게 학습하는 건가요?

A 5일동안 하루 10단어씩 50단어를 학습하게 되는데,
이때 Self Evaluation (자가진단)을 통해 복습이 이루어집니다.

Q 리뷰 첫 페이지에 영단어가 있고, 다음에는 퍼즐퀴즈가 있는데요?
이 영단어의 뜻은 어디에서 확인하죠?

A 네. Self Evaluation(복습진단)에서
기억이 나지 않는 단어에 표를 한 후,
퍼즐 다음 페이지에서 단어의 뜻을
즉시 확인할 수 있습니다.
이러한 방법으로 5일 단위로
효과적인 복습이 가능합니다.

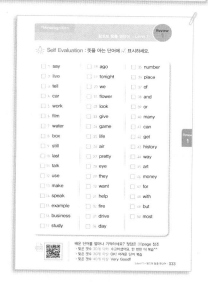

Self Evaluation : 뜻을 아는 단어에 ✓ 표시하세요.

1 say	18 ago	35 number
2 live	19 tonight	36 place
3 tell	20 we	37 of
4 car	21 flower	38 and
5 work	22 look	39 or
6 film	23 give	40 many
7 water	24 game	41 can
8 box	25 life	42 get
9 still	26 air	43 history
10 last	27 pretty	44 way
11 talk	28 eye	45 art
12 use	29 they	46 money
13 make	30 want	47 for
14 speak	31 help	48 with
15 example	32 fire	49 but
16 business	33 drive	50 most
17 study	34 day	

배운 단어를 얼마나 기억나세요? 정답은 30page 참조
· 맞은 갯수 30개 이하: 수고하셨어요. 한 번 더 복습^^
· 맞은 갯수 30개 이상: OK! 여유로 단어 복습
· 맞은 갯수 40개 이상: Very Good!!

Level 1 - 왕초보 맞춤 영단어 | 033

왕초보 탈출 영단어 **ABC**
Level 1 왕초보 탈출 영단어 Contents

| 배열 (5일 단위) |

금주의 단어 확인 → 1일 학습 × 5일 → 금주단어 복습

| 1일 학습 구성 |

Self Test (아는단어 점검) → Learn (학습) → Self Evaluation (복습)

| Test |

금주의 단어 복습 → 퍼즐 → 정답 확인

Contents

왕초보 탈출 영단어 ABC

왕초보 탈출
영단어 Level 1

*Day
01 ~ 05

이번 주에 배울 단어를 미리 살펴보세요!

1 say	11 talk	21 flower	31 help	41 can
2 live	12 use	22 look	32 fire	42 get
3 tell	13 make	23 give	33 drive	43 history
4 car	14 speak	24 game	34 day	44 way
5 work	15 example	25 life	35 number	45 art
6 film	16 business	26 air	36 place	46 money
7 water	17 study	27 pretty	37 of	47 for
8 box	18 ago	28 eye	38 and	48 with
9 still	19 tonight	29 they	39 or	49 but
10 last	20 we	30 want	40 many	50 most

☞ **Self Test** : 뜻을 아는 단어에 ☑ 표시하세요.

- [ ] 1. **say**
  Could you *say* that again?

- [ ] 2. **live**
  The game was shown *live*.

- [ ] 3. **tell**
  Please *tell* my mom I'm here.

- [ ] 4. **car**
  My *car* is in the parking lot.

- [ ] 5. **work**
  I'm always busy with *work*.

- [ ] 6. **film**
  It's a really nice *film*.

- [ ] 7. **water**
  A sandal fell into the *water*.

- [ ] 8. **box**
  put it back in the *box*

- [ ] 9. **still**
  She's *still* very active.

- [ ] 10. **last**
  Don't miss the *last* chance.

Learn : 모르는 단어 위주로 학습하세요

1. say [sei] [쎄이]

동 말하다

Say hello to your family.
당신 가족들에게 안부 전해 주세요.

2. live [ㄹ리브 / ㄹ라이브]

동 [liv] 살다 형 [laiv] 살아있는

Where do you *live*?
어디에서 사십니까?

3. tell [tel] [텔]

동 말하다, 알리다

I will *tell* you why.
이유를 말씀드리겠습니다.

Tip! [유용한 표현!]

• 나에게 말해 주세요
'Tell me!' 혹은 'Say to me!'
'Tell to me!'라고 말하지 않습니다.

4. car [kaːr] [카~]

명 자동차

get (in /out of) a *car*
차(를 타다/에서 내리다)

5. work [wəːrk] [워~ㅋ]

명 일, 공부 동 일하다, 움직이다

I work for a toy company.
장난감 회사에 다닙니다. (회사에서 일한다)

6. **film** [film] [필음]

명영화 동촬영하다

I watch *film*s on TV.
나는 TV로 **영화**를 본다.

7. **water** [wɔ́:tər] [워터~]

명물, 수면 동물을 주다.

A glass of *water*, please.
물 한 잔 부탁합니다.

8. **box** [baks] [박쓰]

명상자

Will it fit in this *box*?
이 **상자**에 맞을까요? (다 들어갈까요)

9. **still** [stil] [ㅅ틸]

부여전히

I *still* don't know.
여전히 잘 모르겠습니다.

10. **last** [læst] [ㄹ래ㅅ트]

형부지난, 마지막에 동계속되다

Did you sleep well *last* night?
어젯밤(**지난밤**) 편안히 주무셨습니까?

✏ **Self Evaluation** : 빈칸에 알맞은 단어를 쓰세요.

1. Could you ☐ that again?
   다시 한 번 **말씀해** 주시겠어요?

2. The game was shown ☐.
   경기가 **생방송으로** 중계되었다.

3. Please ☐ my mom I'm here.
   어머니께 제가 여기에 있다고 **전해** 주세요.

4. My ☐ is in the *parking lot. ✎ *parking lot
                                         : 주차장
   제 **차**는 주차장에 있습니다.

5. I'm always busy with ☐.
   나는 **일** 때문에 항상 바쁩니다.

6. It's a really nice ☐.
   정말로 마음에 드는 **영화**에요.

7. A sandal *fell into the ☐.
   샌들 한 짝이 물 속으로 떨어졌다.   *1-day51

8. put it back in the ☐
   상자에 도로 넣다.

9. She's ☐ very active.
   그녀는 **여전히** 매우 활동적이다.

10. Don't miss the ☐ chance.
    마지막 기회를 놓치지 마십시오.

☞ Self Test : 뜻을 아는 단어에 ✓ 표시하세요.

□ 1. **talk**
We *talk*ed all night.

□ 2. **use**
They *use* a lot of paper.

□ 3. **make**
It *make*s a lot of noise.

□ 4. **speak**
Can I *speak* to Mary?

□ 5. **example**
Show me an *example*.

□ 6. **business**
He started a *business* in January.

□ 7. **study**
a *study* on new energy

□ 8. **ago**
I got married 2 years *ago*.

□ 9. **tonight**
She is going to speak *tonight*.

□ 10. **we**
Where shall *we* meet?

Learn : 모르는 단어 위주로 학습하세요

1. **talk** [tɔ:k] [톡]

동말하다 명대화

Let's *talk* later.
나중에 **얘기합시다**.

2. **use** 동[ju:z] 명[ju:s] [유우즈]

명동사용(하다)

Can I *use* your pen?
당신의 펜을 **사용해도** 될까요?

3. **make** [meik] [메잌ㅋ]

동만들다, 가능하다

I don't think I can *make* it.
제가 **할** 수 있는 일이 아닌 것 같습니다.

4. **speak** [spi:k] [ㅅ피이ㅋ]

동말하다, 연설하다

It's your turn to *speak*.
당신이 말할 차례입니다.

5. **example** [igzǽmpl] [이ㄱ잼플]

명예시, 본보기

set a good *example*
좋은 예를 남기다

6. **business** [bíznis] [비즈니쓰]

명 사업, 상업

Are you in Korea on *business*?
한국에 사업차 오신 거예요?

7. **study** [stʌ́di] [ㅅ터디]

명동 공부, 연구(하다)

I will *study* for a test today.
오늘은 시험공부를 할 것이다.

8. **ago** [əgóu] [어고우]

부 (얼마의 시간) 전에

I finished it long *ago*.
나는 그 일을 오래 전에 끝냈다.

9. **tonight** [tənáit] [터나이트]

명부 오늘 밤(에)

My wife works late *tonight*.
내 아내는 오늘 밤 늦게까지 일합니다.

10. **we** [wi] [위]

대 우리

We don't have to rush.
우리는 서두르지 않아도 됩니다.

✏️ **Self Evaluation** : 빈칸에 알맞은 단어를 쓰세요.

1. We ⬚⬚⬚ ed all night.
   우리는 밤새도록 **이야기**했다.

2. They ⬚⬚⬚ a lot of paper.
   그들은 많은 종이를 **사용**합니다.

3. It ⬚⬚⬚ s a lot of noise.
   소음이 많이 **생기**는데요.

4. Can I ⬚⬚⬚ to Mary?
   Mary와 **말할** 수 있을까요? (주로 전화상에서−통화할 수 있을까요?)

5. Show me an ⬚⬚⬚ .
   나에게 **예시**를 보여 주세요.

6. He started a ⬚⬚⬚ in January.
   그는 1월에 **사업**을 시작했다.

7. a ⬚⬚⬚ on new energy
   새로운 에너지에 관한 **연구**

8. I got married 2 years ⬚⬚⬚ .
   저는 2년 **전에** 결혼했습니다.

9. She is going to speak ⬚⬚⬚ .
   그녀는 **오늘 밤**에 연설을 할 것입니다.

10. Where shall ⬚⬚⬚ meet?
    우리 어디에서 만날까요?

Self Test : 뜻을 아는 단어에 ☑ 표시하세요.

□ 1. **flower**
   a shirt with *flower* patterns

□ 2. **look**
   She often *look*s in the mirror.

□ 3. **give**
   Let me *give* you some hints.

□ 4. **game**
   The *game* is over.

□ 5. **life**
   How is your school *life*?

□ 6. **air**
   Please send it by *air*.

□ 7. **pretty**
   The cat is *pretty* smart.

□ 8. **eye**
   My *eye*s hurt from paperwork.

□ 9. **they**
   They got lost in the forest.

□ 10. **want**
   This is not what we *want*.

Learn : 모르는 단어 위주로 학습하세요

1. **flower** [fláuər] [플라우어~]

명 꽃

water / grow *flower*s
꽃(에 물을 주다/을 키우다)

2. **look** [luk] [ㄹ룩ㅋ]

동 보다 명 보기, 눈길

Look at the full moon.
보름달을 보세요.

3. **give** [giv] [기ㅂ]

동 주다

I'll *give* you a *ride.
제 차로 태워 드리겠습니다.   * 타기 2-Day1

4. **game** [geim] [게임]

명 게임, 경기

(win / lose) the *game*
경기에서 (이기다/지다).

5. **life** [laif] [ㄹ라잎ㅍ]

명 인생, 생명, 목숨

They saved his *life*.
그들이 그의 생명을 구했다.

6. **air** [ɛər] [에어~]

명공기, 대기, 항공

The *air* outside is cold.
바깥공기가 차다.

7. **pretty** [príti] [프리티]

부어느 정도, 꽤 부예쁜

I got a *pretty* post card.
예쁜 엽서 한 장을 받았다.

8. **eye** [ai] [아이]

명눈

Don't *rub your *eye*s.
눈을 비비지 마십시오.　비비다 2-Day60

9. **they** [ðei] [데이]

대그들, 그것들

They live nearby.
그들은 이 근처에 산다.

10. **want** [wɔ:nt] [원트]

동원하다

I *want* something new.
뭔가 새로운 것을 원합니다.

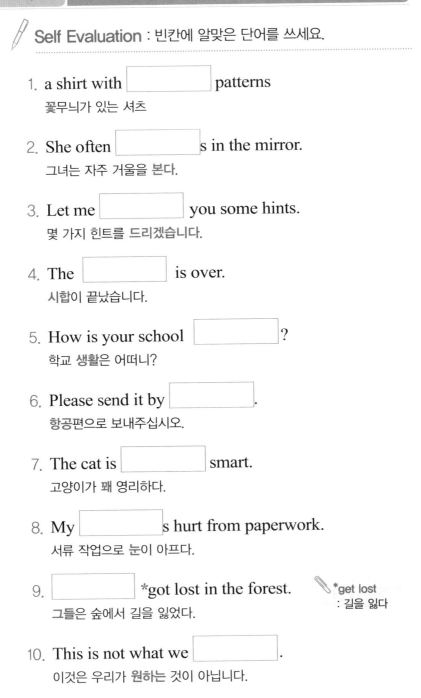

✐ Self Evaluation : 빈칸에 알맞은 단어를 쓰세요.

1. a shirt with [   ] patterns
   꽃무늬가 있는 셔츠

2. She often [   ]s in the mirror.
   그녀는 자주 거울을 본다.

3. Let me [   ] you some hints.
   몇 가지 힌트를 드리겠습니다.

4. The [   ] is over.
   시합이 끝났습니다.

5. How is your school [   ]?
   학교 생활은 어떠니?

6. Please send it by [   ].
   항공편으로 보내주십시오.

7. The cat is [   ] smart.
   고양이가 꽤 영리하다.

8. My [   ]s hurt from paperwork.
   서류 작업으로 눈이 아프다.

9. [   ] *got lost in the forest.
   그들은 숲에서 길을 잃었다.
   ✎ *get lost
   : 길을 잃다

10. This is not what we [   ].
    이것은 우리가 원하는 것이 아닙니다.

☞ Self Test : 뜻을 아는 단어에 ☑ 표시하세요.

- [ ] 1. **help**
  Please *help* me wash the dishes.

- [ ] 2. **fire**
  No one will be *fire*d.

- [ ] 3. **drive**
  He *drive*s to work.

- [ ] 4. **day**
  It's not so cold during the *day*.

- [ ] 5. **number**
  What's your account *number*?

- [ ] 6. **place**
  Place the box in the shade.

- [ ] 7. **of**
  He's an uncle *of* mine.

- [ ] 8. **and**
  Come in *and* have a seat.

- [ ] 9. **or**
  Will you go by bus *or* taxi?

- [ ] 10. **many**
  I haven't seen him for *many* years.

Learn : 모르는 단어 위주로 학습하세요

1. **help** [help] [헬ㅍ]

동돕다 명도움

Could you *help* me with this box?
이 상자 드는 것을 도와주시겠어요?

2. **fire** [faiər] [파이어~]

명불　동발사(해고)하다

light/put out *fire*
불을 붙이다/끄다

3. **drive** [draiv] [드라이ㅂ]

동운전하다 명드라이브

Lct's *drive* out.
(교외로) 드라이브 가자.

4. **day** [dei] [데이]

명하루, 요일, 낮

What *day* is it?
(오늘이) 무슨 요일이죠?

5. **number** [nʌ́mbər] [넘버~]

명숫자, 번호

Take exit *number* two.
2번 출구로 나가십시오.

6. **place** [pleis] [플레이쓰]

명장소, 위치 동두다

Let's find a warm *place*.
따뜻한 **장소**를 찾아보자.

7. **of** [əv] [어ㅂ]

전 …의, …중의, …에 대한

What's the title *of* the movie?
영화의 제목이 뭐죠?

8. **and** [ænd/ənd] [엔드]

접…와(과), 그리고

He is *outgoing *and* funny.
그는 *외향적이고 재미있는 사람이다.

9. **or** [ər] [오~]

접 또는

It'll take one month *or* more.
한 달 혹은 그 이상 걸릴 것이다.

10. **many** [méni] [메니]

형많은 명다수

Many seats were empty.
빈 좌석들이 **많았다**.

Self Evaluation : 빈칸에 알맞은 단어를 쓰세요.

1. Please _____ me wash the dishes.
   설거지 하는 것을 **도와주세요**.

2. No one will be _____d.
   아무도 **해고되지** 않을 것이다.

3. He _____s to work.
   그는 **운전해서** 근무지로 간다.

4. It's not so cold *during the _____.
   낮 *동안에는 그리 춥지 않다.   *1-Day10

5. What's your *account _____?
   *계좌 **번호**가 어떻게 되시죠?

6. _____ the box in the shade.
   상자를 그늘에 **두십시오**.

7. He's an uncle _____ mine.
   그는 나의 삼촌(큰아버지,이모부~)이다.

8. Come in _____ have a seat.
   들어와서 앉으십시오.

9. Will you go by bus _____ taxi?
   버스로 **아니면** 택시로 가십니까?

10. I haven't seen him for _____ years.
    여러 해 동안 그를 본 적이 없다.

☞ Self Test : 뜻을 아는 단어에 ☑ 표시하세요.

☐ 1. **can**
I'd like a *can* of soda.

☐ 2. **get**
The wind is *get*ting stronger.

☐ 3. **history**
Send me your personal *history*.

☐ 4. **way**
Stick it this *way* with glue.

☐ 5. **art**
I collect classic *art* works.

☐ 6. **money**
I'll lend you some *money*.

☐ 7. **for**
I stayed in bed *for* two days.

☐ 8. **with**
a dress-shirt *with* a pocket

☐ 9. **but**
Sorry, *but* I can't join you.

☐ 10. **most**
I like this music the *most*.

Learn : 모르는 단어 위주로 학습하세요

1. can [kæn/kən] [캔]

동…할 수 있다 명통조림, 깡통

Can I borrow your pencil?
연필 좀 빌릴 수 있을까요?

2. get [get] [겟]

동얻다, …하게 되다

You will ***get*** a job soon.
너는 곧 직업을 얻게 될거야.

3. history [hístəri] [히ㅅ토리]

명역사, 이력

History is my favorite *subject. `1–Day46`
역사는 내가 좋아하는 과목이다.

4. way [wei] [웨이]

명길, 방법

I saw her on my ***way*** home.
집에 오는 길에 그녀를 보았다.

5. art [aːrt] [아~트]

명미술, 예술

I'm going to an ***art*** museum.
미술관에 가려고 합니다.

6. **money** [mʌ́ni] [머니]

명돈, 금전

save/pay/waste *money*
돈을 저축/지불/낭비하다

7. **for** [fər] [포~]

전…을 위해, 동안 접이므로

This is *for* you.
당신을 위한 것입니다.

8. **with** [wíθ] [위드]

전…와 함께, …를 가진

Take your camera *with* you.
카메라를 가져가십시오.

9. **but** [bʌt] [벝]

접그러나

I go there, *but* not often.
그곳에 가지만, 자주는 아니에요.

10. **most** [moust] [모우스트]

형부명가장(많은, 많이), 대부분(의)

He *won the *most* medals.   *win의 과거 1-Day15
그가 가장 많은 메달을 받았다.

✎ **Self Evaluation** : 빈칸에 알맞은 단어를 쓰세요.

1. *I'd like a ☐ of soda.
   📎 *(=) I would like~
   : 원한다, 부탁합니다
   탄산음료 캔 하나 부탁합니다.

2. The wind is ☐ting stronger.
   바람이 강해지고 있다.

3. Send me your *personal ☐.
   당신의 *개인 **이력**을 보내주십시오. *1-Day37

4. Stick it this ☐ with glue.
   이렇게 풀로 붙이세요.

5. I collect classic ☐ works.
   나는 고전 **예술** 작품들을 수집한다.

6. I'll lend you some ☐.
   돈을 빌려드리겠습니다.

7. I stayed in bed ☐ two days.
   이틀 **동안** 누워 있었다.

8. a dress-shirt ☐ a pocket
   주머니가 **달린** 와이셔츠

9. Sorry, ☐ I can't join you.
   죄송하지만, 참여할 수가 없습니다.

10. I like this music the ☐.
    나는 이 음악이 **가장** 좋다.

☀ Self Evaluation : 뜻을 아는 단어에 ☑ 표시하세요.

☐ 1	say	☐ 18	ago	☐ 35	number
☐ 2	live	☐ 19	tonight	☐ 36	place
☐ 3	tell	☐ 20	we	☐ 37	of
☐ 4	car	☐ 21	flower	☐ 38	and
☐ 5	work	☐ 22	look	☐ 39	or
☐ 6	film	☐ 23	give	☐ 40	many
☐ 7	water	☐ 24	game	☐ 41	can
☐ 8	box	☐ 25	life	☐ 42	get
☐ 9	still	☐ 26	air	☐ 43	history
☐ 10	last	☐ 27	pretty	☐ 44	way
☐ 11	talk	☐ 28	eye	☐ 45	art
☐ 12	use	☐ 29	they	☐ 46	money
☐ 13	make	☐ 30	want	☐ 47	for
☐ 14	speak	☐ 31	help	☐ 48	with
☐ 15	example	☐ 32	fire	☐ 49	but
☐ 16	business	☐ 33	drive	☐ 50	most
☐ 17	study	☐ 34	day		

배운 단어를 얼마나 기억하세요? 정답은 36page 참조

• 맞은 갯수 30개 이하: 수고하셨어요. 한 번만 더 복습^^
• 맞은 갯수 30개 이상: OK! 어려운 단어 복습
• 맞은 갯수 40개 이상: Very Good!!

🔑 Self Evaluation : 빈칸을 채워 보세요.

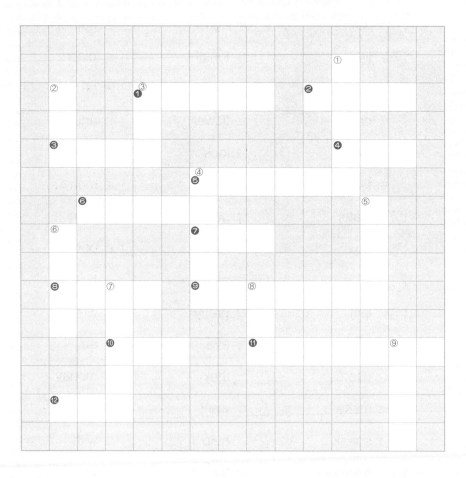

[세로열쇠]

①money ②get ③say ④place ⑤game ⑥talk ⑦study ⑧art ⑨help

[가로열쇠]

❶speak ❷look ❸they ❹eye ❺pretty ❻still ❼ago
❽last ❾example ❿use ⓫tonight ⓬day

🗝 [세로열쇠]

① save/pay/waste ☐ _D5_

② You will ☐ a job soon. _D5_

③ ☐ hello to your family. _D1_

④ Let's find a warm ☐. _D4_

⑤ (win / lose) the ☐ _D3_

⑥ Let's ☐ later. _D2_

⑦ I will ☐ for a test today. _D2_

⑧ I'm going to an ☐ museum. _D5_

⑨ Could you ☐ me with the box? _D4_

🗝[가로열쇠]

❶ It's your turn to ☐. _D2_

❷ ☐ at the full moon. _D3_

❸ ☐ live nearby. _D3_

❹ Don't rub your ☐s. _D3_

❺ I got a ☐ postcard. _D3_

❻ I ☐ don't know. _D1_

❼ I finished it long ☐. _D2_

❽ Did you sleep well ☐ night? _D1_

❾ set a good ☐ _D2_

❿ Can I ☐ your pen? _D2_

⓫ My wife works late ☐. _D2_

⓬ What ☐ is it? _D4_

Self Evaluation : 뜻 해석

1	말하다	18	(얼마의 시간) 전에	35	숫자, 번호
2	살다, 거주하다	19	오늘 밤(에)	36	장소
3	말하다, 알리다	20	우리	37	…의, …에 대한
4	차	21	꽃	38	…와, 그리고
5	일, 공부	22	보다	39	…또는
6	영화	23	주다	40	많은
7	물, 수면	24	게임, 경기	41	…할 수 있다
8	상자	25	인생, 생명, 목숨	42	얻다
9	여전히	26	공기, 항공	43	역사
10	지난, 마지막에	27	예쁜, 어느 정도, 꽤	44	길, 방법
11	말하다, 대화	28	눈	45	미술; 예술
12	쓰다, 사용하다	29	그들, 그것들	46	돈, 금전
13	만들다	30	원하다	47	…를 위해, 동안
14	말하다, 연설하다	31	돕다	48	…와 함께
15	예시, 본보기	32	불, 해고하다	49	그러나
16	사업, 상업	33	운전하다	50	가장, 대부분의
17	공부(하다)	34	하루, 요일		

왕초보 탈출 영단어 ABC

왕초보 탈출 영단어 Level 1

*Day
06 ~ 10

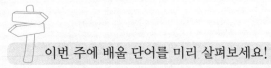

이번 주에 배울 단어를 미리 살펴보세요!

1 will	11 may	21 watch	31 should	41 reach
2 see	12 need	22 go	32 eat	42 die
3 enjoy	13 family	23 fail	33 select	43 back
4 world	14 night	24 people	34 part	44 teacher
5 information	15 health	25 computer	35 field	45 heat
6 map	16 think	26 meat	36 year	46 hand
7 at	17 if	27 music	37 fish	47 during
8 from	18 both	28 into	38 than	48 little
9 other	19 good	29 better	39 small	49 war
10 best	20 sure	30 enough	40 save	50 great

Self Test : 뜻을 아는 단어에 ☑ 표시하세요.

☐ 1. **will**
You *will* be the winner.

☐ 2. **see**
Did you *see* my glasses?

☐ 3. **enjoy**
I *enjoy*ed the party.

☐ 4. **world**
She is a *world*-famous singer.

☐ 5. **information**
There is a lot of useful *information*.

☐ 6. **map**
Can I have a *map* of the subway?

☐ 7. **at**
The party will be *at* my home.

☐ 8. **from**
It's too far *from* here.

☐ 9. **other**
There's no *other* choice.

☐ 10. **best**
You are the *best*!

Day 6

Learn : 모르는 단어 위주로 학습하세요

1. **will** [wil] [윌]

조 …일[할] 것이다 명 의지, 뜻

I *won't* forget your kindness.
당신의 호의를 잊지 않을 것입니다.

Tip!

• 'will'의 부정 'will not'은 줄여서 'won't'로 표현합니다.

ex) He will not(=won't) come here.
그는 이곳에 오지 않을 것이다.

2. **see** [si:] [씨이]

동 보다, 알다

Oh! I *see*.
아! 알겠어요.

3. **enjoy** [indʒɔ́i] [인죠이]

동 즐기다

Did you *enjoy* the tour?
여행 즐거우셨습니까?

4. **world** [wə:rld] [워~을드]

명 세계, 세상

set a *world* record
세계 기록을 세우다.

5. **information** [infərméiʃən] [인포메이션]

명 정보

get *information* on the Internet
인터넷에서 정보를 얻다

6. **map** [mæp] [맾]

명 지도, 약도

Let me look it up on the *map*.
제가 **지도**에서 찾아보겠습니다.

7. **at** [ət] [앹]

전 …에(서), …때

I can't get out *at* work.
근무 **중**에는 나갈 수가 없다.

📝 Tip!

- 'at'의 다양한 뜻
- 시간 at 3 o'clock 3시에
- 장소 at the park 공원에서
- 나이 at 20 (the age of 20)
  20살의 나이에
- 방향 [She is] angry at me.
  나에게 화가났다.

8. **from** [frəm] [프럼]

전 …에서, …부터

from morning till night
아침부터 밤까지

9. **other** [ʌðər] [아더~]

형 다른, 그 밖의

Any *other* questions?
다른 질문 있습니까?

10. **best** [best] [베스트]

명 형 부 최고(의, 로)

We tried our *best*.
우리는 **최선**을 다했습니다.

Day
6

Self Evaluation : 빈칸에 알맞은 단어를 쓰세요.

1. You [   ] be the winner.
   당신은 승자가 **될 것입니다**.

2. Did you [   ] my glasses?
   내 안경 **보셨습니까**?

3. I [   ]ed the party.
   나는 파티를 **즐겼습니다**.

4. She is a [   ]-famous singer.
   그녀는 **세계적으로** 유명한 가수이다.

5. There is a lot of useful [   ].
   유용한 **정보**가 많이 있습니다.

6. Can I have a [   ] of the subway?
   전철 노선도(**지도**) 얻을 수 있습니까?

7. The party will be [   ] my home.
   파티는 우리 **집에서** 열릴 것입니다.

8. It's too *far [   ] here.
   그곳은 여기에서 너무 멀다. *1–Day53

9. There's no [   ] choice.
   다른 선택의 여지가 없다.

10. You are the [   ]!
    당신이 **최고입니다**.

☞ **Self Test** : 뜻을 아는 단어에 ☑ 표시하세요.

□ 1. **may**
   May I come in? Yes, you *may*.

□ 2. **need**
   I *need* that form.

□ 3. **family**
   He should support his *family*.

□ 4. **night**
   She's so busy day and *night*.

□ 5. **health**
   Here is to good *health*!

□ 6. **think**
   I will *think* it over.

□ 7. **if**
   By tomorrow *if* possible.

□ 8. **both**
   Both are all right.

□ 9. **good**
   It's a pretty *good* pay.

□ 10. **sure**
   I am *sure* you can do it.

Day
7

Learn : 모르는 단어 위주로 학습하세요

1. **may** [mei] [메이]

> 조…해도 좋다, …일지도 모른다
>
> You *may* lose it
> 그것을 잃을 **지도 모릅니다**.

2. **need** [niːd] [니드]

> 동명필요(하다), 해야 한다, 요구
>
> You *need* some rest.
> 좀 쉬셔야 합니다.

3. **family** [fǽməli] [패믈리]

> 명가족
>
> There are six in my *family*.
> 우리 가족은 6명입니다.

4. **night** [nait] [나이트]

> 명밤
>
> I'll stay here two *night*s.
> 이틀 밤을 여기서 지낼 것입니다.

5. **health** [helθ] [헤을쓰]

> 명건강, 보건
>
> Please exercise for your *health*.
> 건강을 위해 운동하세요.

6. think [θiŋk] [씽 ㅋ]

동 생각하다

I don't *think* it's wrong.
그것이 틀렸다고 **생각하지** 않습니다. (저는 맞다고 생각합니다)

7. if [if] [이 ㅍ]

접 만약 …라면

I would not do that *if* I were you.
내가 당신이**라면** 그 일을 하지 않을 것입니다.

8. both [bouθ] [보 ㅆ]

명 형 양쪽(의)

Please copy it on *both* sides.
양면에 복사하세요.

9. good [gud] [굳]

형 좋은, 잘하는 명 선

You did a *good* job.
정말 **잘** 하셨어요.

10. sure [ʃuər] [슈어~]

형 확신하는 부 그럼, 정말

Are you *sure* of it?
확신하십니까?

✎ **Self Evaluation** : 빈칸에 알맞은 단어를 쓰세요.

1. ☐ I come in? Yes, you ☐.
   들어가도 될까요? 네, 들어오세요.

2. I ☐ that form.
   나는 그 서류가 **필요합니다**.

3. He should support his ☐.
   그는 **가족을** 부양해야 합니다.

4. She's so busy day and ☐.
   그녀는 **밤낮으로** 매우 바쁘다.

5. Here is to good ☐!
   건강을 위하여! (건배할 때)

6. I will ☐ it over.
   (깊이) **생각해** 보겠습니다.

7. By tomorrow ☐ possible.
   가능하**다면**, 내일까지 부탁합니다.

8. ☐ are all right.
   둘 다 괜찮아요. (의견을 말할 때)

9. It's a pretty ☐ pay.
   보수가 **괜찮다**.

10. I am ☐ you can do it.
    난 당신이 할 수 있다고 **확신합니다**.

Self Test : 뜻을 아는 단어에 ☑ 표시하세요.

☐ 1. **watch**

Could you *watch* my bag?

☐ 2. **go**

We are *go*ing downtown.

☐ 3. **fail**

They *fail*ed to record it.

☐ 4. **people**

Many *people* visited this town.

☐ 5. **computer**

My *computer* froze.

☐ 6. **meat**

The soup has some *meat* in it.

☐ 7. **music**

K-Pop is the world *music*.

☐ 8. **into**

Put it *into* the water.

☐ 9. **better**

It can' be *better*.

☐ 10. **enough**

Do you have *enough* water?

Day
8

Learn : 모르는 단어 위주로 학습하세요

1. **watch** [waʧ] [워치]

동(지켜)보다, 주시하다 명(손목)시계

Did you *watch* the drama?
드라마를 보셨습니까?

2. **go** [gou] [고우]

동가다

go skiing/shopping
스키 타러/쇼핑하러 **가다**(장을 보다)

3. **fail** [feil] [패일]

동실패하다, 고장나다 명낙제

She won't *fail* her test.
그녀는 시험에서 **실패하지 않을** 것이다.

4. **people** [píːpl] [피플]

명사람들

People are nice to me.
사람들이 나에게 친절하다.

5. **computer** [kəmpjúːtər] [컴퓨터~]

명컴퓨터

I work on the *computer*.
나는 **컴퓨터**로 작업을 한다.

6. **meat** [miːt] [미이트]

명 고기

(slice / grill) the *meat*
고기를 (얇게 썰다 / 석쇠에 굽다)

7. **music** [mjúːzik] [뮤직]

명 음악

(play/listen to) *music*
음악을 (연주하다/ 듣다)

8. **into** [intə] [인투]

전 … 안[속]으로

put onions *into* the pot
양파를 냄비에 넣다.

9. **better** [bétər] [베터~]

형 더 좋은 부 더 잘

Do you have a *better* one?
더 나은 것이 있습니까?

10. **enough** [inʌf] [이넢프]

형 부 충분한, 충분히

It's wide *enough* for a truck.
트럭 한 대가 들어가도록 충분히 넓다.

✎ **Self Evaluation** : 빈칸에 알맞은 단어를 쓰세요.

1. Could you ⬚ my bag?
   내 가방 좀 봐 주시겠습니까?

2. We are ⬚ ing *downtown.
   우린 *시내로 가고 있습니다.

3. They ⬚ ed to record it.
   그들은 녹음을 하지 못했다.

4. Many ⬚ visited this town.
   많은 사람들이 이 마을을 다녀갔습니다

5. My ⬚ *froze.
   내 컴퓨터 화면이 정지되었다.   * 'freeze'의 과거: 얼었다

6. The soup has some ⬚ in it.
   이 수프에 고기가 들어간다.

7. K-Pop is the world ⬚.
   K-Pop은 세계적인 음악입니다.

8. Put it ⬚ the water.
   물 속에 그것을 넣으세요.

9. It can' be ⬚.
   최고입니다! (이보다 더 좋을 수 없다)

10. Do you have ⬚ water?
    물이 충분히 있습니까?

Self Test : 뜻을 아는 단어에 ☑ 표시하세요.

1. should
You *should* go to the hospital.

2. eat
I try to *eat* less sugar.

3. select
I *select*ed fruits for a diet.

4. part
A *part* of my meat was burnt.

5. field
She's in the medical *field*.

6. year
He will come back next *year*.

7. fish
She is feeding the *fish*.

8. than
It is better *than* before.

9. small
The skirt looks too *small*.

10. save
We need to *save* time.

Day
9

Learn : 모르는 단어 위주로 학습하세요

1. should [ʃəd] [슈드]

> 조 …해야 한다, …일 것이다
>
> I *should* have come earlier.
> 내가 더 일찍 왔어야 했는데.

2. eat [iːt] [잍ㅌ]

> 동 먹다
>
> You should *eat* only soft food.
> 부드러운 음식만 드셔야 합니다.

3. select [silékt] [씰렉ㅌ]

> 동 선택하다 형 엄선된, 고급의
>
> *Why don't you *select* a yoga class?
> 요가 수업을 선택하지 않겠습니까? (요가 수업을 들으세요)

Tip!

Why don't you ~ ?
: 질문형식이지만,
　권유할 때 쓰는 표현

4. part [paːrt] [파~ㅌ]

> 명 일부분
>
> It's a small *part* of the story.
> 이것은 이야기의 일부분이다.

5. field [fiːld] [피일드]

> 명 분야, 들판[땅]
>
> walk in the *field* of flowers
> 꽃이 핀 들판을 걷다.

6. **year** [jiər] [이어~]

　명(1년 열두 달로 이뤄진) 해, 나이

I have a 14 *year* old son.
14살인 아들이 하나 있어요.

7. **fish** [fiʃ] [피쉬]

　명물고기 동낚시하다

Do you like fried *fish*?
생선 튀김 좋아하십니까?

8. **than** [ðən] [덴]

　전…보다

We came faster *than* usual.
평소보다 더 빨리 왔습니다.

9. **small** [smɔːl] [스몰]

　형작은, 소규모의 부잘게, 작게

We'll hold a *small* bazaar.
우리는 작은 바자회를 열려고 한다.

10. **save** [seiv] [쎄이브]

　동구하다, 모으다, 아끼다

save (my) *pocket money
*용돈을 저축하다

Self Evaluation : 빈칸에 알맞은 단어를 쓰세요.

1. You _____ go to the hospital.
   병원에 가셔야 **합니다**.

2. I try to _____ *less sugar.
   나는 설탕을 *덜 **먹으려고** 한다.

3. I _____ed fruits for a diet.
   식이요법으로 과일을 **선택했다**.

4. A _____ of my meat was burnt.
   내 고기의 한쪽 **부분이** 탔다.

5. She's in the medical _____.
   그녀는 의학 **분야**에서 종사하고 있다.

6. He will come back next _____.
   그는 내년에 돌아옵니다.

7. She is feeding the _____.
   그녀는 **물고기**에게 먹이를 주고 있습니다.

8. It is better _____ before.
   이전**보다** 낫다.

9. The skirt looks too _____.
   그 치마가 너무 **작아** 보인다.

10. We need to _____ time.
    우리는 시간을 **절약해야** 합니다.

👉 **Self Test** : 뜻을 아는 단어에 ☑ 표시하세요.

□ 1. **reach**
I can't *reach* the book.

□ 2. **die**
The wind soon *die*d down.

□ 3. **back**
I have *back* pain.

□ 4. **teacher**
Mr. Park is known as a good *teacher*.

□ 5. **heat**
This *heat* is terrible.

□ 6. **hand**
Could you give me a *hand*?

□ 7. **during**
What are your plans *during* the vacation?

□ 8. **little**
She has a *little* farm.

□ 9. **war**
a report from a *war* zone

Day
10

□ 10. **great**
It's a *great* joy for us all.

Learn : 모르는 단어 위주로 학습하세요

1. **reach** [riːtʃ] [리이치]

图…에 이르다, 닿다

I'll *reach* Seoul in an hour.
한 시간이면 서울에 **닿을** 것이다.

2. **die** [dai] [다이]

图죽다, 사라지다

I wish the cat would not *die*.
고양이가 **죽지** 않았으면 좋겠다.

3. **back** [bæk] [백]

图등, 뒤쪽 图뒤쪽의

He left by the *back* door.
그는 **뒷문**으로 나갔다.

4. **teacher** [tíːtʃər] [티이쳐~]

图교사

My *teacher* is very *strict.
나의 **선생님**은 매우 *엄한 분이다.

5. **heat** [hiːt] [히이ㅌ]

图열기, 더위 图뜨겁게[따뜻하게] 만들다

Now, *heat* the oil.
이제 기름을 **가열하세요**.

6. hand [hænd] [핸드]

명손, 도움, 역할 동건네주다

You should wash this by *hand*.
이것은 **손**으로 세탁해야 합니다.

7. during [djúəriŋ] [듀우(어)링]

전…동안

This is my daily *routine *during* the week.
이것은 일주일 **동안**의 나의 *일상 생활이다.

8. little [lítl] [리틀]

형작은, 어린 부조금

Hurry up a *little*.
조금만 서둘러주세요.

9. war [wɔ:r] [워~]

명전쟁

He was a pilot during the *war*.
전쟁 당시 그는 비행기 조종사였다.

10. great [greit] [그레이트]

형큰, 엄청난, 대단한

She has a *great* idea.
그녀에게 **훌륭한** 아이디어가 있다.

Day
10

✎ **Self Evaluation** : 빈칸에 알맞은 단어를 쓰세요.

....

1. I can't ⬚ the book.
   책에 손이 닿지 않는다.

2. The wind soon ⬚d down.
   바람이 곧 **잠잠**해졌다.

3. I have ⬚ pain.
   등에 통증이 있다.

4. Mr. Park is known as a good ⬚.
   미스터 박은 좋은 **선생님**으로 알려져 있습니다.

5. This ⬚ is *terrible.
   정말 살인적인 **더위**네요.

   *terrible
   : 정도가 심한

6. Could you give me a ⬚?
   좀 **도와주**시겠어요?

7. What are your plans ⬚ the vacation?
   방학(휴가 기간) **동안** 어떤 계획이 있으십니까?

8. She has a ⬚ farm.
   그녀에게 **작은** 농장이 하나 있다.

9. a report from a ⬚ zone
   전쟁터에서 보내오는 보도(취재)

10. It's a ⬚ *joy for us all.
    이 일은 우리 모두에게 큰 *기쁨이다.

Self Evaluation : 뜻을 아는 단어에 ☑ 표시하세요.

☐ 1 will	☐ 18 both	☐ 35 field
☐ 2 see	☐ 19 good	☐ 36 year
☐ 3 enjoy	☐ 20 sure	☐ 37 fish
☐ 4 world	☐ 21 watch	☐ 38 than
☐ 5 information	☐ 22 go	☐ 39 small
☐ 6 map	☐ 23 fail	☐ 40 save
☐ 7 at	☐ 24 people	☐ 41 reach
☐ 8 from	☐ 25 computer	☐ 42 die
☐ 9 other	☐ 26 meat	☐ 43 back
☐ 10 best	☐ 27 music	☐ 44 teacher
☐ 11 may	☐ 28 into	☐ 45 heat
☐ 12 need	☐ 29 better	☐ 46 hand
☐ 13 family	☐ 30 enough	☐ 47 during
☐ 14 night	☐ 31 should	☐ 48 little
☐ 15 health	☐ 32 eat	☐ 49 war
☐ 16 think	☐ 33 select	☐ 50 great
☐ 17 if	☐ 34 part	

배운 단어를 얼마나 기억하세요? 정답은 62page 참조
• 맞은 갯수 30개 이하: 수고하셨어요. 한 번만 더 복습^^
• 맞은 갯수 30개 이상: OK! 어려운 단어 복습
• 맞은 갯수 40개 이상: Very Good!!

🔑 Self Evaluation : 빈칸을 채워 보세요.

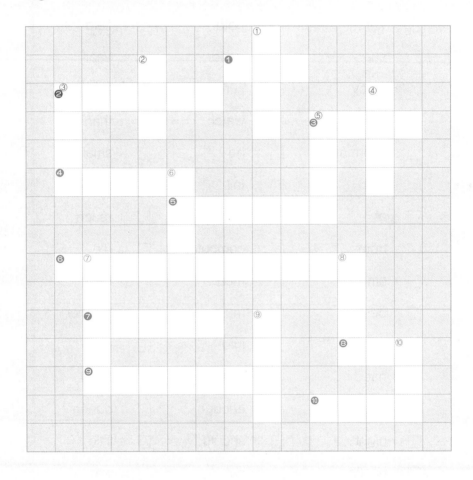

[가로열쇠]
❶war ❷select ❸from ❹enjoy ❺enough ❻information ❼great
❽die ❾teacher ❿heat

[세로열쇠]
①fail ②see ③save ④good ⑤fish ⑥year ⑦night ⑧need
⑨part ⑩eat

🔑 [세로열쇠]

① She won't [　　　] her test. *D8*

② Did you [　　　] my glasses? *D6*

③ We need to [　　　] time. *D9*

④ You did a [　　　] job. *D7*

⑤ Do you like fried [　　　]? *D9*

⑥ I have a 14 [　　　] old boy. *D9*

⑦ I'll stay here two [　　　]s. *D7*

⑧ You [　　　] some rest. *D7*

⑨ It's a small [　　　] of the story. *D9*

⑩ You should [　　　] only soft food. *D9*

🔑 [가로열쇠]

❶ He was a pilot during the [　　　]. *D10*

❷ Why don't you [　　　] a yoga class? *D9*

❸ [　　　] morning till night *D6*

❹ Did you [　　　] the tour? *D6*

❺ It's wide [　　　] for a truck. *D8*

❻ get [　　　] on the Internet *D6*

❼ She has a [　　　] idea. *D10*

❽ I wish the cat would not [　　　]. *D10*

❾ My [　　　] is very strict. *D10*

❿ Now, [　　　] the oil. *D10*

Self Evaluation : 뜻 해석

1 …일[할] 것이다	18 양쪽(의)	35 분야, 들판[땅]
2 보다	19 좋은, 선	36 해, 나이
3 즐기다	20 확신하는	37 물고기
4 세계, 세상	21 지켜보다	38 …보다
5 정보	22 가다	39 작은, 소규모의
6 지도, 약도	23 실패하다	40 구하다, 모으다
7 …에[서], …때	24 사람들	41 …에 이르다, 닿다
8 …부터	25 컴퓨터	42 죽다, 사라지다
9 다른, 그 밖의	26 고기	43 등, 뒤쪽
10 최고의, 제일	27 음악	44 교사
11 …해도 좋다, …일지도 모른다	28 … 안[속]으로	45 열기, 더위
12 필요(하다)	29 더 좋은	46 손, 도움
13 가족	30 충분한	47 … 동안
14 밤	31 해야 한다	48 작은, 어린
15 건강, 보건	32 먹다	49 전쟁
16 생각하다	33 선택하다	50 큰, 엄청난
17 만약 …라면	34 일부분	

왕초보 탈출 영단어 **ABC**

왕초보 탈출
영단어 Level 1

*Day
11 ~ **15**

이번 주에 배울 단어를 미리 살펴보세요!

1 egg	11 sea	21 everything	31 ground	41 wood
2 foot	12 photo	22 brain	32 date	42 table
3 friend	13 fruit	23 morning	33 wind	43 tour
4 fan	14 gas	24 land	34 dish	44 heart
5 who	15 wall	25 letter	35 drink	45 soup
6 sleep	16 print	26 rain	36 dream	46 teach
7 meet	17 fly	27 copy	37 out	47 win
8 down	18 large	28 off	38 safe	48 lock
9 hot	19 cute	29 on	39 deep	49 where
10 by	20 so	30 happy	40 why	50 tired

👉 Self Test : 뜻을 아는 단어에 ☑ 표시하세요.

☐ 1. **egg**
　　I had some *egg*s for breakfast.

☐ 2. **foot**
　　My *foot* hurts.

☐ 3. **friend**
　　She is my closest *friend*.

☐ 4. **fan**
　　Could you fix the *fan*?

☐ 5. **who**
　　May I ask *who*'s calling, please?

☐ 6. **sleep**
　　You need to get some *sleep*.

☐ 7. **meet**
　　I'll *meet* him on Friday evening.

☐ 8. **down**
　　Now, go *down* the stairs slowly.

☐ 9. **hot**
　　It's *hot* in here, isn't it?

☐ 10. **by**
　　Your bag is *by* the chair.

Learn : 모르는 단어 위주로 학습하세요

1. **egg** [eg] [에ㄱ]

　　명달걀, 조류등의 알

　　Would you like some fried *egg*s?
　　달걀 프라이 드시겠습니까?

2. **foot** [fut] [풑]

　　명발

　　I stepped on your *foot*.
　　제가 당신의 **발**을 밟았네요.

3. **friend** [frend] [프렌ㄷ]

　　명친구

　　My *friend* *drove me home. 　*'drive'의 과거형
　　친구가 운전해서 집까지 데려다 주었다.

4. **fan** [fæn] [팬]

　　명팬, 선풍기, 부채 동부채질을 하다
　　Turn on(off) the *fan*.
　　선풍기를 틀어(꺼) 주세요.

5. **who** [hu:] [후]

　　대누가, 누구(를)
　　Who are you waiting for?
　　누구를 기다리고 계십니까?

Day
11

6. **sleep** [sli:p] [슬리이ㅍ]

동자다 명수면

I couldn't *sleep* last night.
지난밤에 잠을 잘 수 없었다.

7. **meet** [mi:t] [미이ㅌ]

동만나다

Let's *meet* after work(school).
업무 끝나고(방과 후) 만나요.

8. **down** [daun] [다운]

부전아래로(에)

Turn *down* the TV.
텔레비전 소리를 낮추어 주세요.

9. **hot** [hat] [핱]

형더운, 뜨거운, (음식이) 매운

This shirt is too *hot* to wear.
이 셔츠는 입기에 너무 더워요.

 Tip!

'by'의 여러 가지 뜻
①저자: by 사람이름 (~저)
②시간: by tomorrow (내일까지)
③교통수단: by bus (버스를 타고)
이 외에도 다양하게 쓰입니다.

10. **by** [bai] [바이]

전부 ~옆에, ~에 의하여

Would you pay *by* credit card (cash)?
신용카드로 (현금으로) 지불하시겠습니까?

Self Evaluation : 빈칸에 알맞은 단어를 쓰세요.

1. I had some ⬜ s for breakfast.
   아침 식사로 **달걀**을 먹었다.

2. My ⬜ hurts.
   발이 아프다.

3. She is my closest ⬜.
   그녀는 나의 가장 친한 **친구**이다.

4. Could you fix the ⬜?
   선풍기를 고쳐주시겠어요?.

5. May I ask ⬜'s calling, please?
   누구신지 여쭤봐도 될까요? (전화상에서)

6. You need to get some ⬜.
   당신 **잠**을 좀 **자야**할 것 같아요.

7. I'll ⬜ him on Friday evening.
   나는 그를 금요일 저녁 때 **만날** 것이다.

8. Now, go ⬜ the stairs slowly.
   이제 천천히 층계를 **내려가**세요.

9. It's ⬜ in here, isn't it?
   여기 **덥지**, 그렇지 않니?

10. Your bag is ⬜ the chair.
    네 가방은 의자 **옆**에 있다.

Self Test : 뜻을 아는 단어에 ☑ 표시하세요.

□ 1. **sea**
Let's go *sea* fishing.

□ 2. **photo**
I stored the *photo*s on my computer.

□ 3. **fruit**
This *fruit* is very fresh.

□ 4. **gas**
We have no more *gas*.

□ 5. **wall**
She put a note on the *wall*.

□ 6. **print**
Print the phone number on the cover.

□ 7. **fly**
The birds are *fly*ing east.

□ 8. **large**
Take a *large* mat, too!

□ 9. **cute**
The baby bear is really *cute*.

□ 10. **so**
So many cars are on the road.

Learn : 모르는 단어 위주로 학습하세요

1. **sea** [si:] [씨이]

명 바다

The hotel is close to the *sea*.
호텔이 **바다**에서 가깝다.

2. **photo** [fóutou] [포토] (=photograph)

명 사진

Could you take a *photo* of us?
저희 **사진** 좀 찍어 주시겠어요?

3. **fruit** [fru:t] [프루ㅌ]

명 과일, 열매

A lady is shopping for *fruit*.
한 숙녀분이 **과일**을 사고 있다.

4. **gas** [gæs] [개ㅆ]

명 가스, 기체

A *gas* *leak caused the fire.
가스 *누출로 인해 화재가 발생했다.

 Tip!

휘발유(gasoline)을 줄여
'gas'로 쓰기도 함.(美)

5. **wall** [wɔ:l] [월]

명 벽

John is painting a *wall*.
John은 **벽**에 페인트칠을 하고 있다.

6. **print** [print] [프린트]

　　동인쇄하다, 출간하다 명출판

　　Will you *print* this out?
　　이것을 인쇄해 주시겠어요?

7. **fly** [flai] [플라이]

　　동날다 명파리

　　I will *fly* to Africa.
　　항공편으로 아프리카에 갈 것입니다.

8. **large** [laːrdʒ] [ㄹ라~쥐]

　　형큰

　　I need a *large* piece of paper.
　　큰 종이 한 장이 필요해요.

9. **cute** [kjuːt] [큐트]

　　형귀여운

　　The baby is wearing *cute* shoes.
　　아기가 귀여운 신발을 신고 있다.

10. **so** [souː] [쏘우]

　　부정말로, 그렇게 접그래서

　　What makes you *so* busy?
　　무엇 때문에 그렇게 바쁘세요?

✏️ **Self Evaluation** : 빈칸에 알맞은 단어를 쓰세요.

1. Let's go ▢▢▢▢▢ fishing.
   바다 낚시하러 갑시다.

2. I *stored the ▢▢▢▢▢ s on my computer.
   나는 **사진들을** 컴퓨터에 *저장했다.

3. This ▢▢▢▢▢ is very fresh.
   이 **과일은** 매우 신선하다.

4. We have no more ▢▢▢▢▢.
   더 이상 **가스가** 없다.

5. She put a note on the ▢▢▢▢▢.
   그녀는 **벽에** 메모를 붙여 놓았다.

6. ▢▢▢▢▢ the phone number on the cover.
   표지에 전화번호를 **인쇄해 주세요.**

7. The birds are ▢▢▢▢▢ ing east.
   새들이 동쪽으로 **날아가고** 있다.

8. Take a ▢▢▢▢▢ mat, too!
   큰 매트도 가져가세요!

9. The baby bear is really ▢▢▢▢▢.
   아기 곰이 정말 **귀엽네요.**

10. ▢▢▢▢▢ many cars are on the road.
    도로에 차가 **정말** 많다.

Self Test : 뜻을 아는 단어에 ☑ 표시하세요.

☐ 1. **everything**

We are ready for *everything*.

☐ 2. **brain**

The *brain* controls our emotions.

☐ 3. **morning**

I take a walk in the *morning*.

☐ 4. **land**

This *land* is good for farming.

☐ 5. **letter**

Send me your cover *letter* by email.

☐ 6. **rain**

It hardly *rain*s here.

☐ 7. **copy**

How can I *copy* this photo?

☐ 8. **off**

We live *off* the main street.

☐ 9. **on**

Put your hat *on* the desk.

☐ 10. **happy**

Are you *happy* with your job?

Learn : 모르는 단어 위주로 학습하세요

1. everything [évriθiŋ] [에브리씽]

> 대 모든 것
>
> How is *everything*?
> 모든 일이 잘 되어가세요?

2. brain [brein] [브레인]

> 명 뇌, 머리
>
> *Exercise is good for your *brain*.
> *운동이 두뇌에 좋습니다. *Day1-60

3. morning [mɔ́ːrniŋ] [모닝]

> 명 아침, 오전, 새벽
>
> I got up late this *morning*.
> 오늘 아침 늦잠을 잤어요.

4. land [lænd] [ㄹ랜ㄷ]

> 명 땅 동 착륙하다
>
> We just *land*ed in Mexico.
> 우리는 멕시코에 막 착륙했습니다.

5. letter [létər] [ㄹ레터~]

> 명 편지, 글자
>
> I will answer your *letter* soon.
> 곧 답장 드리겠습니다.

6. **rain** [rein] [레인]

명동 비(가 오다)

It *rain*ed a lot.
비가 많이 왔다.

7. **copy** [kàpi] [카피]

명동 복사(하다)

Could you *copy* this paper?
이 종이를 복사해줄 수 있습니까?

8. **off** [ɔːf] [오프]

부전 떨어져서, 할인하여 형 벗어난

buy (~) at ten percent *off*
10퍼센트 더 싸게 구입하다

9. **on** [ən] [온]

전부 …(위)에, [접촉]

There is a picture *on* the wall.
벽에 그림이 걸려 있다.

📝 **Tip!**

① 교통수단 on foot(걸어서)
② 때 on Sunday(일요일에)
③ 상태 The radio is on (켜져 있다)
- 이 외에도 'on'은 다양하게 쓰입니다.

10. **happy** [hǽpi] [해피]

형 행복한

She must be very *happy*.
그녀는 틀림없이 매우 기쁠 거예요.

✏️ Self Evaluation : 빈칸에 알맞은 단어를 쓰세요.

1. We are ready for ⬜⬜⬜ .
   우린 모든 준비가 되었습니다.

2. The ⬜⬜⬜ controls our *emotions.
   두뇌는 우리의 *감정을 다스린다.

3. I take a walk in the ⬜⬜⬜ .
   나는 **오전**에 산책을 한다.

4. This ⬜⬜⬜ is good for farming.
   이 **땅**은 농사짓기에 좋다.

5. Send me your cover ⬜⬜⬜ by email.
   첨부 **편지**를 이메일로 보내주세요.

6. It *hardly ⬜⬜⬜ s here.
   이곳은 좀처럼 비가 오지 않는다.

   📎 *hardly
   : 좀처럼 ~하지 않다

7. How can I ⬜⬜⬜ this photo?
   이 사진을 어떻게 복사해야 할까?

8. We live ⬜⬜⬜ the main street.
   우리는 대로변에서 떨어진 곳에 산다.

9. Put your hat ⬜⬜⬜ the desk.
   책상 위에 모자를 두세요.

10. Are you ⬜⬜⬜ with your job?
    지금 하시는 일에 만족하세요?

☞ Self Test : 뜻을 아는 단어에 ☑ 표시하세요.

☐ 1. **ground**
A wooden box is left on the *ground*.

☐ 2. **date**
What's the *date* today?

☐ 3. **wind**
I feel a cool *wind* from the mountains.

☐ 4. **dish**
I need a set of *dish*es.

☐ 5. **drink**
Would you like something to *drink*?

☐ 6. **dream**
You can realize your *dream*.

☐ 7. **out**
Take *out* the water, please!

☐ 8. **safe**
Please wear a mask to be *safe*.

☐ 9. **deep**
He lived *deep* in the forest.

☐ 10. **why**
Why are you upset?

Learn : 모르는 단어 위주로 학습하세요

1. **ground** [graund] [그라운ㄷ]

> 명땅
>
> Your cap fell to the *ground*!
> 모자가 **땅**에 떨어졌어요!

2. **date** [deit] [데이ㅌ]

> 명날짜, 시기, 데이트(특히 이성과의 만남)
>
> I go on a *date* with ~
> ~와 **데이트**하다.

3. **wind** [wind] [윈드]

> 명바람
>
> The *wind* is shaking the trees.
> **바람**으로 인해 나무가 흔들리고 있다.

4. **dish** [diʃ] [디쉬]

> 명식기, 접시, 요리
>
> I like the side *dish*es here.
> 이 곳의 **반찬**들이 마음에 듭니다.

📝 **Tip!**

납작한 접시는 'plate'이며,
'dish'는 너무 깊지 않은
다양한 식기류를 의미합니다.

5. **drink** [driŋk] [드링ㅋ]

> 명동음료(를 마시다)
>
> Snacks and *drink*s will be served.
> 간식과 **음료**가 제공될 것입니다.

6. **dream** [dri:m] [드림]

명(자면서 꾸는)꿈, (미래에 대한)꿈 동꿈꾸다

Never did I *dream*.
꿈도 꾸지 않았다.

7. **out** [aut] [아웃]

부형밖에(의) 전밖으로

My mom went *out* to shop.
엄마는 쇼핑하러 밖에 나가셨다.

8. **safe** [seif] [세이ㅍ]

형안전한 명금고

We will keep your bag *safe*.
당신의 가방을 안전하게 보관해 드리겠습니다.

9. **deep** [di:p] [딮]

형부깊은(이)

Don't go *deep* in the water.
깊은 물에 들어가지 마세요.

10. **why** [wai] [와이]

부왜

Why was the bus late?
버스가 왜 늦게 왔습니까?

Self Evaluation : 빈칸에 알맞은 단어를 쓰세요.

1. A wooden box is left on the _____.
   나무상자가 **땅**에 버려져 있다.

2. What's the _____ today?
   오늘 **며칠**이죠?

3. I feel a cool _____ from the mountains.
   시원한 **산바람**이 느껴진다.

4. I need a set of _____es.
   식기 한 세트가 필요합니다.

5. Would you like something to _____?
   마실 것 좀 드릴까요?

6. You can *realize your _____.
   당신의 **꿈**을 실현할 수 있습니다.

   *realize [ríəlàiz]
   : 실현하다

7. Take _____ the water, please!
   물 좀 **꺼내주세요**.

8. Please wear a mask to be _____.
   안전을 위해 마스크를 착용하십시오.

9. He lived _____ in the forest.
   그는 숲속 **깊은** 곳에 살았다.

10. _____ are you *upset?
    왜 기분이 언짢으세요?

    *upset [ʌpsét]
    : 속상한

☞ Self Test : 뜻을 아는 단어에 ☑ 표시하세요.

□ 1. **wood**
The fence is made of *wood*.

□ 2. **table**
I want a *table* by the window.

□ 3. **tour**
I met my friend on *tour*.

□ 4. **heart**
My *heart* is pounding.

□ 5. **soup**
This *soup* will make you feel good.

□ 6. **teach**
teach (her) how to swim

□ 7. **win**
My brother loves *win*ning games.

□ 8. **lock**
The cat is *lock*ed in the room.

□ 9. **where**
Where have you been?

□ 10. **tired**
You look so *tired*.

📖 **Learn** : 모르는 단어 위주로 학습하세요

----

1. **wood** [wud] [우드]

명목재, 나무, 숲속(woods)

He's burning some *wood*.
그는 **나무**를 태우고 있다.

2. **table** [téibl] [테이블]

명탁자, 식탁

sit around the *table* and talk
탁자에 둘러 앉아 이야기하다

3. **tour** [tuər] [투어~]

명여행 동관광하다

It was a nice *tour*.
멋진 **여행**이었습니다.

4. **heart** [haːrt] [하~트]

명심장, 마음

Lisa has a kind *heart*.
Lisa는 **마음**씨가 친절하다.

5. **soup** [suːp] [쑤웊]

명수프

I *prefer broccoli *soup*.
나는 브로콜리 수프가 *더 좋습니다.

📎 *prefer [prifə́ːr]
: 선호하다

6. **teach** [tiːʧ] [티치]

⑧가르쳐 주다

He *teach*es math to students.
그는 학생들에게 수학을 **가르쳐 준다**.

7. **win** [win] [윈]

⑧이기다, (메달 등)획득하다

How much did you *win* by?
얼마 차이로 **이겼습니까?**

8. **lock** [lak] [ㄹ락]

⑧(자물쇠로) 잠그다

Come in! The door isn't *lock*ed.
들어오세요! 문이 **잠기지** 않았어요.

9. **where** [hwɛər] [웨어~]

⑨어디에(로) ⑭어디

I'm not sure *where* to put the key.
열쇠를 **어디에** 두면 좋을지 모르겠다.

10. **tired** [taiərd] [타이어~드]

⑱피곤한, 지겨운(tired of)

I am *tired* of driving.
운전하는 것이 **지겨워요**.

✏️ **Self Evaluation** : 빈칸에 알맞은 단어를 쓰세요.

1. The fence is made of _____ .
   울타리가 **나무로** 만들어졌다.

2. I want a _____ by the window.
   창가 쪽 **테이블**을 원합니다.

3. I met my friend on _____ .
   여행 중에 친구를 만났다.

4. My _____ is *pounding.
   심장이 두근거리고 있어요.

   📎 *pounding [paundiŋ]
   　 : 치는, 쿵쿵뛰는

5. This _____ will make you feel good.
   이 **수프**를 먹으면 기분이 좋아질 거예요.

6. _____ (her) how to swim
   (그녀에게) 수영하는 법을 **가르쳐 주다**

7. My brother loves _____ning games.
   내 남동생은 게임에서 **이기는** 것을 매우 좋아한다.

8. The cat is _____ed in the room.
   고양이가 **잠긴** 방 안에 갇혀 있다.

9. _____ have you been?
   그동안 **어디에** 계셨습니까?

10. You look so _____ .
    정말 **피곤해** 보입니다.

Self Evaluation : 뜻을 아는 단어에 ☑ 표시하세요.

☐ 1 egg	☐ 18 large	☐ 35 drink
☐ 2 foot	☐ 19 cute	☐ 36 dream
☐ 3 friend	☐ 20 so	☐ 37 out
☐ 4 fan	☐ 21 everything	☐ 38 safe
☐ 5 who	☐ 22 brain	☐ 39 deep
☐ 6 sleep	☐ 23 morning	☐ 40 why
☐ 7 meet	☐ 24 land	☐ 41 wood
☐ 8 down	☐ 25 letter	☐ 42 table
☐ 9 hot	☐ 26 rain	☐ 43 tour
☐ 10 by	☐ 27 copy	☐ 44 heart
☐ 11 sea	☐ 28 off	☐ 45 soup
☐ 12 photo	☐ 29 on	☐ 46 teach
☐ 13 fruit	☐ 30 happy	☐ 47 win
☐ 14 gas	☐ 31 ground	☐ 48 lock
☐ 15 wall	☐ 32 date	☐ 49 where
☐ 16 print	☐ 33 wind	☐ 50 tired
☐ 17 fly	☐ 34 dish	

Review
3

배운 단어를 얼마나 기억하세요? 정답은 88page 참조
• 맞은 갯수 30개 이하: 수고하셨어요. 한 번만 더 복습^^
• 맞은 갯수 30개 이상: OK! 어려운 단어 복습
• 맞은 갯수 40개 이상: Very Good!!

🔑 Self Evaluation : 빈칸을 채워 보세요.

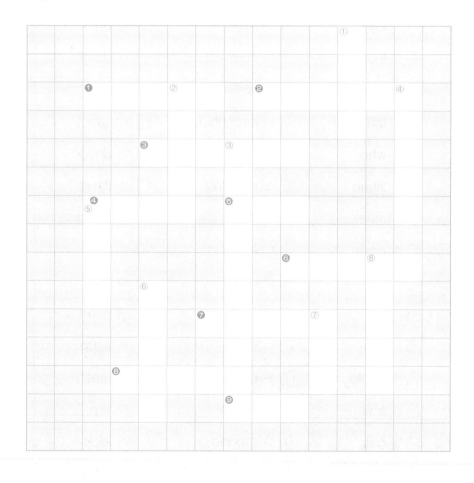

🔑 [세로열쇠]

① The _____ will make you feel good. *D15*

② I want a _____ room with a nice view. *D12*

③ We are ready for _____. *D13*

④ You can realize your _____. *D14*

⑤ How can I _____ this photo? *D13*

⑥ My _____ is pounding. *D15*

⑦ We live _____ the main street. *D13*

⑧ _____ the phone number on the cover. *D12*

🗝 [가로열쇠]

❶ Do you have a _____ by the window? *D15*

❷ A wooden box is left on the _____. *D19*

❸ She is my closest _____. *D11*

❹ The baby bear is really _____. *D12*

❺ I had some _____s for breakfast. *D11*

❻ Are you _____ with your job? *D13*

❼ I stored the _____s on my computer. *D12*

❽ The _____ controls our emotions. *D13*

❾ We have no more _____. *D12*

🔆 Self Evaluation : 뜻 해석

1 달걀, 알	18 큰, 많은	35 음료(를 마시다)
2 발	19 귀여운	36 꿈(을 꾸다)
3 친구	20 정말로	37 밖에(의)
4 팬, 선풍기, 부채	21 모든 것	38 안전한
5 누구	22 뇌, 머리	39 깊은(이)
6 자다	23 아침, 오전, 새벽	40 왜
7 만나다	24 땅, 착륙하다	41 목재, 나무
8 아래로(에)	25 편지, 글자	42 식탁
9 더운, 뜨거운	26 비(가 오다)	43 여행
10 ~옆에, ~에 의하여	27 복사(하다)	44 심장, 마음
11 바다	28 떨어져서, 멀리	45 수프
12 사진	29 …(위)에, [접촉]	46 가르쳐 주다
13 과일	30 행복한	47 이기다, 획득하다
14 가스, 기체	31 땅	48 잠그다
15 벽	32 날짜, 시기	49 어디에(로)
16 인쇄하다, 출간하다	33 바람	50 피곤한, , 지겨운
17 날다, 비행하다	34 그릇, 접시	

왕초보 탈출 영단어 **ABC**

왕초보 탈출
영단어
Level 1

*Day
16 ~ **20**

이번 주에 배울 단어를 미리 살펴보세요!

1 baby	11 star	21 park	31 text	41 whose
2 club	12 ball	22 skin	32 background	42 bowl
3 city	13 party	23 math	33 button	43 breakfast
4 tree	14 kitchen	24 culture	34 afternoon	44 plant
5 hit	15 south	25 everyone	35 sugar	45 vegetable
6 cry	16 anyone	26 hope	36 click	46 push
7 under	17 draw	27 hear	37 fill	47 kill
8 how	18 pass	28 when	38 here	48 huge
9 dirty	19 smart	29 now	39 about	49 nice
10 rich	20 poor	30 blue	40 secret	50 around

☞ Self Test : 뜻을 아는 단어에 ☑ 표시하세요.

□ 1. **baby**
When is the *baby* due?

□ 2. **club**
Which *club* are you joining?

□ 3. **city**
You can see the whole *city* here.

□ 4. **tree**
We have to save the *tree*s.

□ 5. **hit**
This model was a big *hit*.

□ 6. **cry**
The boy *cri*ed out for help.

□ 7. **under**
The cat is *under* the shelf.

□ 8. **how**
How much is the back seat?

□ 9. **dirty**
Let's clean the *dirty* floor.

□ 10. **rich**
Fruits are *rich* in vitamins.

Learn : 모르는 단어 위주로 학습하세요

1. **baby** [béibi] [베이비]

> 명아기 형어린
>
> shop for *baby* clothes
> 아기 옷을 구매하다.

2. **club** [klʌb] [클럽]

> 명동호회
>
> There are many *club*s in the school.
> 학교에 동호회가 많습니다.

3. **city** [síti] [씨티]

> 명도시
>
> look around the *city*
> 도시를 둘러보다

4. **tree** [triː] [트리]

> 명나무
>
> plant (cut down)a *tree*
> 나무를 심다 (베다, 벌목하다)

5. **hit** [hit] [힡트]

> 동때리다, 부딪치다　명타격, 성공(대중으로부의 좋은 반응)
>
> I *saw a truck *hit* a tree.　* 'see'의 과거
> 나는 트럭 한 대가 나무를 들이받는 것을 보았다.

6. cry [krai] [크라이]

图울다, 외치다 명외침

I'm trying *not to *cry*.
나는 울지 않으려고 한다.

*not to
: ~않기 위해

7. under [ʌ́ndər] [언더~]

전···아래에 부아래에(로)

Most of the iceberg is *under* water.
빙산의 대부분은 바다 아래에 잠겨 있다.

8. how [hau] [하우]

부어떻게

How far(heavy) is it?
얼마나 멀죠(무겁죠)?

9. dirty [dɔ́ːrti] [더~티]

형더러운

My *apron got *dirty* from work.
일하다 보니 앞치마가 더러워졌어요.

*apron [éiprən]
: 앞치마

10. rich [riʧ] [리치]

형부유한, 풍부한

He was born *rich*. / will *become *rich*.
그는 부자로 태어났다. / 부자가 될 것이다.

*become [bikʌ́m]
: ~하게 되다

Self Evaluation : 빈칸에 알맞은 단어를 쓰세요.

1. When is the ⬜ *due?
   아기가 언제쯤 태어나죠? *2-Day17

2. Which ⬜ are you joining?
   당신은 어떤 **동호회**에 참여하고 계십니까?

3. You can see the *whole ⬜ here.
   여기서 **도시** 전체를 볼 수 있습니다. *1권-Day59

4. We have to save the ⬜ s.
   우리는 **나무**를 보호해야 합니다.

5. This model was a big ⬜ .
   이 모델은 큰 **인기**를 끌었다.

6. The boy ⬜ ed out for help.
   소년은 도와 달라고 **외쳤다**.

7. The cat is ⬜ the *shelf.
   고양이가 *선반 **아래에** 있다.

   *shelf [ʃelf]
   : 선반

8. ⬜ much is the back seat?
   뒷좌석은 가격이 **어떻게** 됩니까?

9. Let's *clean the ⬜ floor.
   더러운 바닥을 청소합시다. *1권-Day34

10. Fruits are ⬜ in *vitamins.
    과일은 비타민이 **풍부합니다**.

    *vitamin [váitəmin]
    : 비타민

👉 Self Test : 뜻을 아는 단어에 ☑ 표시하세요.

- [ ] 1. **star**
  Many movie *star*s are at the festival.

- [ ] 2. **ball**
  Throw the *ball* harder!

- [ ] 3. **party**
  We are a *party* of five.

- [ ] 4. **kitchen**
  The *kitchen* floor is messy.

- [ ] 5. **south**
  The wind is blowing from the *south*.

- [ ] 6. **anyone**
  I don't trust *anyone*.

- [ ] 7. **draw**
  It will *draw* her interest.

- [ ] 8. **pass**
  The tourists *pass*ed through ~

- [ ] 9. **smart**
  How *smart* you are!

- [ ] 10. **poor**
  poor health / a *poor* memory

Day
17

📖 **Learn** : 모르는 단어 위주로 학습하세요

1. **star** [staːr] [스타~]

명별, 인기인 동주연을 맡다

She *wished on a *star*.
그녀는 별을 보며 소원을 빌었다.

✎ *wish [wiʃ]
: 바라다

2. **ball** [bɔːl] [볼]

명공

The *ball* hit him in the eye.
공이 그의 눈에 맞았다.

3. **party** [pàːrti] [파아티]

명파티, 일행, 정당

We are having a *party* tonight.
오늘 밤 파티를 열려고 합니다.

4. **kitchen** [kítʃən] [키친]

명주방

The *kitchen* was *remodeled.
주방을 새로 바꿨습니다.

✎ *remodel [rimάdl]
: 개조하다

5. **south** [sauθ] [싸우ㅆ]

명형남쪽(에 있는) 부남쪽으로

This room looks to the *south*.
이 방은 남향이다. (남쪽을 보고 있다)

6. anyone [éniwʌn] [에니원]

대누구나

Does *anyone* have the key?
열쇠를 가지고 있는 **사람** 있습니까?

7. draw [drɔ:] [드로오]

동그리다, 끌어 당기다, 인출하다

I'll *draw* a tree and you can paint it in.
나무를 하나 **그릴** 테니 당신이 색칠하십시오.

8. pass [pæs] [패쓰]

동지나가다, 건네주다, (시험 등을)통과하다 명합격, 출입증

He *pass*ed the written test.
그는 필기시험에 **통과했다.**

Tip!

"소금 좀 건네주세요!"
Pass me the salt!

– 식탁에서 자주 쓰는
표현입니다.

9. smart [sma:rt] [스마~트]

형영리한, 현명한

Some *smart* kids understood this page.
영리한 아이들은 이 페이지를 이해했어요.

10. poor [puər] [푸어~]

형가난한, 형편없는

 They gave *free lunch to the *poor* kids.　　*1–Day50
그들은 **가난한** 아이들에게 무료로 점심을 제공했다.

✎ Self Evaluation : 빈칸에 알맞은 단어를 쓰세요.

1. Many movie [____]s are at the festival.
많은 **유명한** 영화배우들이 축제에 참여 중이다.

2. *Throw the [____] *harder!
공을 더 힘껏 *던져요! *1권-Day22

✎ *hard + er
: 더 세게

3. We are a [____] of five.
일행이 다섯 명입니다.

4. The [____] floor is *messy.
주방 바닥이 지저분하다.

✎ *messy [mési]
: 지저분한

5. The wind is blowing from the [____].
남쪽에서 바람이 불어오고 있다.

6. I don't trust [____].
나는 **누구도** 믿지 않는다.

7. It will [____] her *interest. *1-Day26
그것은 그녀의 관심을 **끌 것**이다.

8. The tourists [____]ed through ~
관광객들이 ~를 통과해서 **지나갔다**.

9. How [____] you are!
정말 **영리하구나**!

10. [____] health / a [____] memory
좋지 않은 건강 / 좋지 않은 기억

Self Test : 뜻을 아는 단어에 ☑ 표시하세요.

☐ 1. **park**
You can *park* behind the shop.

☐ 2. **skin**
This lotion will soften your *skin*.

☐ 3. **math** (mathmatics)
You can learn *math* in fun ways.

☐ 4. **culture**
Enjoy a new *culture* here!

☐ 5. **everyone**
Everyone is just as busy as you.

☐ 6. **hope**
I *hope* to see you soon.

☐ 7. **hear**
Are you *hear*ing me?

☐ 8. **when**
When do I hand it in?

☐ 9. **now**
I'm busy writing a report *now*.

☐ 10. **blue**
I've been *blue* all week.

Learn : 모르는 단어 위주로 학습하세요

1. **park** [pɑ:rk] [파~ㅋ]

명공원 동주차하다

I walk my dog in the *park*.
나는 **공원**에서 강아지를 산책시킨다.

2. **skin** [skin] [스킨]

명피부, (채소 등의) 껍질

*Apply the sunscreen to your *skin*.
피부에 썬크림을 *바르세요.

*Apply [əplái]
: 바르다

3. **math** [mæθ] [매 ㅆ] (=mathmatics)

명수학

He learned *math* by himself.
그는 **수학**을 스스로 익혔다.

4. **culture** [kʌ́lʧər] [커얼쳐~]

명문화

I will tell you about our *culture*.
우리의 **문화**에 대하여 말씀드리겠습니다.

5. **everyone** [évriwʌn] [에브리원]

대모두

*Hand it out to *everyone*.
모두에게 그것을 나눠 주세요.

*hand out
: 나눠주다

6. hope [houp] [호웊]

동바라다 명희망

I *hope* your family is all well.
가족 모두 잘 지내시길 **바랍니다**.

7. hear [hiər] [히어~]

동소리를 듣다

I'm glad to *hear* from you.
목소리를 들으니 반갑습니다.

8. when [wen] [웬]

부대언제 접~때

When are you going to leave here?
당신은 여기를 **언제** 떠나십니까? *1–Day56*

9. now [nau] [나우]

부지금

Mr. Kim is out to lunch *now*.
미스터 김은 **지금** 점심 식사로 자리에 없습니다.

Day
18

10. blue [bluː] [블루우]

형파란, 우울한

Pick out the *blue* ones.
파란색들을 골라주세요.

✎ Self Evaluation : 빈칸에 알맞은 단어를 쓰세요.

1. You can _____ behind the shop.
   상점 뒤에 **주차하**시면 됩니다.

2. This lotion will *soften your _____.
   이 로션이 **피부를** 부드럽게 해줄 것이다.

   *soften [sɔ́:fən]
   : 부드럽게 하다

3. You can learn _____ in fun ways.
   수학을 즐겁게 배울 수 있어요.

4. Enjoy a new _____ here!
   이 곳에서 새로운 **문화를** 즐겨보세요!

5. _____ is just as busy as you.
   모두들 당신만큼 바쁘다.

6. I _____ to see you soon.
   곧 만날 수 있기를 **바랍니다.**

7. Are you _____ing me?
   소리가 잘 **들리세요?**

8. _____ do I *hand it in?
   언제 제출해야 하죠?

   *hand in
   : 제출하다

9. I'm busy writing a report _____.
   나는 **지금** 보고서 쓰느라 바쁘다.

10. I've been _____ all week.
    한 주 내내 **우울했다.**

Self Test : 뜻을 아는 단어에 ☑ 표시하세요.

□ 1. **text**

The *text*s are written in French.

□ 2. **background**

We need her educational *background*.

□ 3. **button**

Push (Press) the *button* to start.

□ 4. **afternoon**

Today it will be cloudy in the *afternoon*.

□ 5. **sugar**

Do you have *sugar*-free drinks?

□ 6. **click**

Double-*click* the file to open it.

□ 7. **fill**

Please *fill* out the form!

□ 8. **here**

Is there any gas station near *here*?

□ 9. **about**

I see her *about* every 2 weeks.

□ 10. **secret**

What's the *secret* of your health?

📖 **Learn** : 모르는 단어 위주로 학습하세요

1. **text** [tekst] [텍ㅅㅌ]

　명글, 원고 동문자를 보내다
　I'll *text* you this afternoon.
　오늘 오후에 **문자** 드릴게요.

2. **background** [bǽkgràund] [백그라운드]

　명배경, 전후사정, 바탕
　How about a white *background*?
　흰색 **바탕**은 어떨까요?

3. **button** [bʌ́tən] [버튼]

　명단추, 버튼 동단추를 잠그다
　Button up your shirt.
　셔츠의 **단추**를 채우세요.

4. **afternoon** [æftərnúːn] [앺터누운]

　명오후
　I work part time every *afternoon*.
　나는 매일 오후 시간제 근무를 합니다.

5. **sugar** [ʃúgər] [슈거~]

　명설탕
　I forgot to add *sugar* to my coffee.
　커피에 **설탕** 넣는 것을 잊었다.

6. click [klik] [클릭]

동(마우스를) 누르다, 클릭하다

Click here to join.
여기를 클릭하고 가입하세요.

7. fill [fil] [필]

동(가득) 채우다

He *fill*ed the tank with water.
그는 탱크를 물로 채웠다.

8. here [hiər] [히어~]

부여기에, 이때

Could you come over *here*?
이곳으로 와 주시겠습니까?

9. about [əbaut] [어바울ㅌ]

부거의 전…에 대한

What is the book *about*?
책의 내용이 무엇에 관한 것입니까?

10. secret [si:krət] [씪크릍ㅌ]

형명비밀(의), 비결

You should keep it a *secret*.
비밀을 지켜야 합니다.

Day
19

Self Evaluation : 빈칸에 알맞은 단어를 쓰세요.

1. The _____s are *written in French.
   문서들이 프랑어로 쓰여 있어요.

   * 쓰여진, 'write'의 과거분사

2. We need her educational _____.
   그녀의 교육 경력(학력)이 필요합니다.

3. Push (Press) the _____ to start.
   시작하려면 전원 버튼을 누르세요.

4. Today it will be cloudy in the _____.
   오늘은 오후에 흐릴 것입니다.

5. Do you have _____-*free drinks?
   무설탕 음료 있습니까?

   Tip!
   ~free: ~가 없는
   (ex, tax free: 세금이 없는)

6. Double-_____ the file to open it.
   더블 클릭해서 파일을 실행하세요.

7. Please _____ out the *form!
   *서류에 빈칸을 채워 주세요.

8. Is there any gas station near _____?
   이 근처에 주유소가 있습니까?

9. I see her _____ every 2 weeks.
   그녀를 약 2주에 한 번은 봅니다.

10. What's the _____ of your health?
    건강의 비결이 무엇입니까?

Self Test : 뜻을 아는 단어에 ☑ 표시하세요.

□ 1. **whose**

Whose turn is it?

□ 2. **bowl**

Fill a *bowl* with ice water.

□ 3. **breakfast**

When did you have *breakfast*?

□ 4. **plant**

This *plant* runs all day.

□ 5. **vegetable**

the fresh *vegetable*s from the farm.

□ 6. **push**

Help me to *push* the car!

□ 7. **kill**

a bug *kill*er for the garden

□ 8. **huge**

Your idea is a *huge* and wide subject.

□ 9. **nice**

It was *nice* timing.

□ 10. **around**

He arrived *around* three o'clock.

Day
20

Learn : 모르는 단어 위주로 학습하세요

1. **whose** [hu:z] [후우ㅈ]

때누구의

Whose birthday is it?
누구의 생일입니까?

2. **bowl** [boul] [보울]

명(우묵한) 그릇

Do you have a salad *bowl*?
샐러드 그릇을 가지고 있습니까?

3. **breakfast** [brékfəst] [브랙퍼ㅅㅌ]

명아침밥

I usually *skip *breakfast*.
나는 주로 아침밥을 거릅니다.

*skip [skip]
: 건너뛰다

4. **plant** [plænt] [플랜트]

명식물, 공장 통(나무, 씨앗 등을) 심다

I'll *plant* fruit trees this year.
금년에는 과일나무를 심으려고 한다.

5. **vegetable** [védʒətəbl] [베즈터블]

명채소

We are *short on *vegetables*.
우리는 채소가 부족하다.

*short on
: ~가 부족한

6. push [puʃ] [푸우쉬]

　동밀다, 누르다

push the blanket into~
담요를 ~안으로 밀어 넣다.

7. kill [kil] [킬]

　동죽이다, 목숨을 빼앗다

Don't *kill* a wild animal.
야생동물을 **죽이지** 마십시오.

8. huge [hjuːdʒ] [휴우ㄷ쥐]

　형큰, 막대한

The tent is *huge* enough for us.
우리에게 이 텐트가 충분히 크다.

9. nice [nais] [나이ㅆ]

　형좋은

It's so *nice* to have fresh air.
신선한 공기를 마시니 정말 좋다.

10. around [əráund] [어라운드]

　부대략 전둘레에

The cost would be *around* $100.
비용은 **대략** 100달러 정도 될 것이다.

✎ **Self Evaluation** : 빈칸에 알맞은 단어를 쓰세요.

1. [   ] turn is it?
   누구 차례죠?

2. Fill a [   ] with ice water.
   그릇을 얼음물로 채우세요.

3. When did you have [   ] ?
   언제 **아침 식사** 하셨어요?

4. This [   ] runs all day.
   이 **공장**은 하루 종일 가동 중이다.

5. the fresh [   ]s from the farm
   농장에서 나오는 신선한 **채소들**

6. Help me to [   ] the car!
   차를 **밀**도록 도와 주세요.

7. a bug [   ]er for the garden
   정원에 뿌릴 살충제

8. Your idea is a [   ] and wide *subject.
   당신의 생각은 **크고** 광범위한 주제이다.   *1-Day46

9. It was [   ] timing.
   시간을 **잘** 잡았어요.

10. He arrived [   ] three o'clock.
    그는 세시 **경에** 도착했다.

Self Evaluation : 뜻을 아는 단어에 ☑ 표시하세요.

☐ 1 baby	☐ 18 pass	☐ 35 sugar
☐ 2 club	☐ 19 smart	☐ 36 click
☐ 3 city	☐ 20 poor	☐ 37 fill
☐ 4 tree	☐ 21 park	☐ 38 here
☐ 5 hit	☐ 22 skin	☐ 39 about
☐ 6 cry	☐ 23 math	☐ 40 secret
☐ 7 under	☐ 24 culture	☐ 41 whose
☐ 8 how	☐ 25 everyone	☐ 42 bowl
☐ 9 dirty	☐ 26 hope	☐ 43 breakfast
☐ 10 rich	☐ 27 hear	☐ 44 plant
☐ 11 star	☐ 28 when	☐ 45 vegetable
☐ 12 ball	☐ 29 now	☐ 46 push
☐ 13 party	☐ 30 blue	☐ 47 kill
☐ 14 kitchen	☐ 31 text	☐ 48 huge
☐ 15 south	☐ 32 background	☐ 49 nice
☐ 16 anyone	☐ 33 button	☐ 50 around
☐ 17 draw	☐ 34 afternoon	

배운 단어를 얼마나 기억하세요? 정답은 114page 참조
• 맞은 갯수 30개 이하: 수고하셨어요. 한 번만 더 복습^^
• 맞은 갯수 30개 이상: OK! 어려운 단어 복습
• 맞은 갯수 40개 이상: Very Good!!

🔑 Self Evaluation : 빈칸을 채워 보세요.

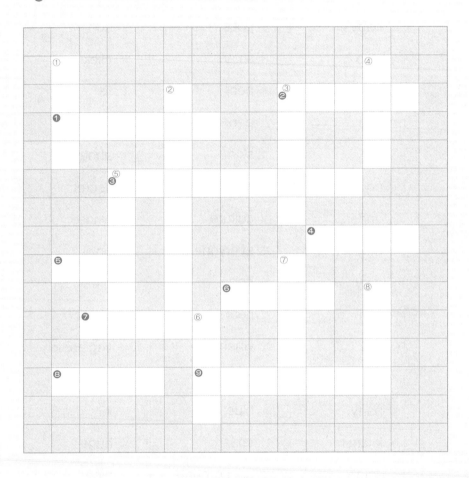

[세로열쇠]

①push ②vegetable ③sugar ④draw ⑤button ⑥rich
⑦plant ⑧tree

[가로열쇠]

❶secret ❷smart ❸breakfast ❹skin ❺hit ❻fill ❼under
❽hope ❾culture

🔑 [세로열쇠]

① Help me to [   ] the car! *D20*

② the fresh [   ]s from the farm *D20*

③ Do you have [   ]-free drinks? *D19*

④ It will [   ] her interest. *D17*

⑤ Push (Press) the [   ] to start. *D19*

⑥ Fruits are [   ] in vitamins. *D16*

⑦ This [   ] runs all day. *D20*

⑧ We have to save the [   ]s. *D16*

🗝️ [가로열쇠]

❶ What's the [   ] of your health? *D19*

❷ How [   ] you are! *D17*

❸ When did you have [   ]? *D20*

❹ This lotion will soften your [   ]. *D18*

❺ This model was a big [   ]. *D16*

❻ Please [   ] out the form! *D19*

❼ The cat is [   ] the shelf. *D16*

❽ I [   ] to see you soon. *D18*

❾ Enjoy a new [   ] here! *D18*

Self Evaluation : 뜻 해석

1 아기	18 지나가다, 건네주다	35 설탕
2 동호회	19 영리한, 현명한	36 클릭하다
3 도시	20 가난한	37 (가득) 채우다
4 나무	21 공원, 주차하다	38 여기에
5 때리다, 타격	22 피부	39 거의
6 울다	23 수학	40 비밀의
7 …아래에	24 문화	41 누구의
8 어떻게	25 모두	42 (우묵한) 그릇
9 더러운	26 바라다	43 아침밥
10 부유한	27 소리를 듣다	44 식물, 공장, 심다
11 별	28 언제	45 채소
12 공	29 지금	46 밀다, 누르다
13 파티	30 파란, 우울한	47 죽이다, 목숨을 빼앗다
14 주방	31 글, 원고	48 큰, 막대한
15 남쪽(에 있는, 으로)	32 배경	49 좋은
16 누구나	33 단추, 버튼	50 대략
17 그리다	34 오후	

왕초보 탈출 영단어 **ABC**

왕초보 탈출
영단어 Level 1

*Day
21 ~ **25**

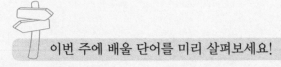

이번 주에 배울 단어를 미리 살펴보세요!

1 wait	11 take	21 become	31 keep	41 connect
2 know	12 come	22 sit	32 decide	42 forget
3 find	13 learn	23 mostly	33 food	43 beautiful
4 person	14 experience	24 point	34 understand	44 value
5 read	15 book	25 home	35 listen	45 body
6 busy	16 job	26 type	36 law	46 guide
7 data	17 end	27 economy	37 least	47 market
8 because	18 few	28 important	38 short	48 clear
9 while	19 hard	29 real	39 lower	49 local
10 next	20 public	30 left	40 human	50 up

☞ Self Test : 뜻을 아는 단어에 ☑ 표시하세요.

□ 1. **wait**
Wait a moment, please.

□ 2. **know**
Please let me *know*.

□ 3. **find**
I *found* something shiny.   *find의 과거

□ 4. **person**
He is a very serious *person*.

□ 5. **read**
Could you *read* it loudly?

□ 6. **busy**
I'm *busy* with work (visitors).

□ 7. **data**
I got the necessary *data*.

□ 8. **because**
I woke up *because* of the sound of the rain.

□ 9. **while**
Enjoy yourself *while* traveling.

□ 10. **next**
I get off at the *next* stop.

Learn : 모르는 단어 위주로 학습하세요

1. **wait** [weit] [웨이트]

   동 기다리다

   I can't *wait* any longer.
   더 이상 **기다릴** 수 없다.

2. **know** [nou] [노우]

   동 알다

   I didn't *know* that *at all.
   나는 그것을 *전혀 **알지** 못했다.

3. **find** [faind] [파인드]

   동 찾다

   He'll soon *find* out why.
   그가 곧 원인을 **알아낼** 것이다.

4. **person** [pə́:rsn] [퍼~쓴]

   명 사람

   The fee is $10 *per *person*.
   요금은 한 **사람***당 10달러이다.

5. **read** [ri:d] [리이드]

   동 읽다

   My hobby is *read*ing.
   나의 취미는 독서이다.

6. busy [bízi] [비지]

형 바쁜

Why are you always so *busy*?
왜 그렇게 항상 바쁘세요?

7. data [déitə] [데이터]

명 자료

Did you *organize the *data*?
자료 *정리했습니까?

8. because [bikɔ́ːz] [비코오즈]

접 …때문에

It's *because* there are some errors.
잘못된 부분이 있기 때문이다.

9. while [hwail] [와일ㄹ]

접 (…하는)동안 명 잠시

She *returned after a *while*.
그녀는 잠시 후 돌아왔다. *1-Day45

10. next [nekst] [넥ㅅ트]

형 부 다음의(에), 옆의(에)

It's right *next* to the bakery.
(그 건물은) 빵집 바로 옆에 있다.

✏ **Self Evaluation** : 빈칸에 알맞은 단어를 쓰세요.

1. [　　　　] a moment, please.
   잠시만 **기다려** 주십시오.

2. Please let me [　　　　].
   저에게 **알려주십시오**.

3. I [　　　　] something *shiny.
   *반짝이는 물건을 **발견했다**.

4. He is a very serious [　　　　].
   그는 매우 진지한 **사람입니다**.

5. Could you [　　　　] it loudly?
   큰 소리로 **읽어** 주시겠어요?

6. I'm [　　　　] with work (visitors).
   일로(방문객들로) 인해 **바쁘다**.

7. I got the *necessary [　　　　].
   필요한 **자료**를 받았습니다. *1–Day49

8. I woke up [　　　　] of the sound of the rain.
   빗소리에(**로 인하여**) 잠이 깼다.

9. Enjoy yourself [　　　　] traveling.
   여행하는 **동안** 즐거운 시간 보내시기 바랍니다.

10. I get off at the [　　　　] stop.
    저는 **다음** 정거장에서 내립니다.

☞ Self Test : 뜻을 아는 단어에 ☑ 표시하세요.

☐ 1. **take**
Will you *take* me to the concert hall?

☐ 2. **come**
Where are you *com*ing from?

☐ 3. **learn**
I didn't *learn* to drive.

☐ 4. **experience**
It was an exciting *experience*.

☐ 5. **book**
I *book*ed a ticket for Busan.

☐ 6. **job**
I have a part time *job*.

☐ 7. **end**
In the *end*, they will agree.

☐ 8. **few**
There are *few* people in the park.

☐ 9. **hard**
I worked *hard* all morning.

☐ 10. **public**
She goes to a *public* school.

📖 Learn : 모르는 단어 위주로 학습하세요

1. **take** [teik] [테이ㅋ]

[동]잡다, 가져가다(데려가다), 받아들이다

I'll *take* care of it.
제가 그 일을 맡겠습니다.

2. **come** [kʌm] [컴]

[동]오다, 나타나다

Come this way, please.
이쪽으로 오세요.

3. **learn** [ləːrn] [러~ㄴ]

[동]배우다

I've *learn*ed much about art.
예술에 대하여 많이 배웠다.

4. **experience** [ikspíəriəns] [익ㅆ피어리언ㅆ]

[명][동]경험[하다]

She is an *experience*d counselor.
그녀는 경험이 많은 상담가이다.

5. **book** [buk] [북]

[명]책　[동]예약하다

(learn from /publish) a *book*
책(에서 배우다/을 출간하다)

6. job [dʒab] [좝]

명 일, 직장

He (got a *job*/quit his *job*).
그는 **직장을** (구했다/그만두었다).

7. end [end] [엔드]

명동 끝(나다), 결말

The game *end*ed in a *tie.
경기가 *무승부로 **끝났다**.

8. few [fju:] [퓨우]

형 얼마 안 되는, 근소한　대 극소수의 사람(것)

I have *a *few*/*few* pens.
연필이 **몇 개 있다/거의 없다**.

*a few/few
뜻의 차이에 유의!

9. hard [ha:rd] [하~드]

형 단단한, 어려운　부 열심히

It's *hard* to talk about.
그것에 대하여 말하기 **어렵네요**.

10. public [pʌ́blik] [퍼블릭]

형 일반인[대중]의, 공공의　명 대중

a *public* phone/library
공중전화/공립 도서관

Self Evaluation : 빈칸에 알맞은 단어를 쓰세요.

1. Will you ⬚ me to the concert hall?
   공연장에 저를 **데려가** 주시겠습니까?

2. Where are you ⬚ing from?
   어디에서 **오시는** 길이십니까?

3. I didn't ⬚ to drive.
   나는 운전을 **배우지** 않았어요.

4. It was an exciting ⬚.
   그것은 신나는 **경험**이었다.

5. I ⬚ed a ticket for Busan.
   부산행 차표 한 장을 **예약**했다.

6. I have a part time ⬚.
   나는 시간제로 **일**하고 있다.

7. In the ⬚, they will agree.
   결국 그들은 동의할 것이다.

8. There are ⬚ people in the park.
   공원에 사람들이 **얼마 없다**.

9. I worked ⬚ all morning.
   오전 내내 **열심히** 일했다.

10. She goes to a ⬚ school.
    그녀는 **공립학교**에 다닌다.

👉 Self Test : 뜻을 아는 단어에 ☑ 표시하세요.

□ 1. **become**

The song will *become* popular.

□ 2. **sit**

sit (at a desk/in a circle)

□ 3. **mostly**

They live *mostly* in the city.

□ 4. **point**

She *point*ed to a building.

□ 5. **home**

I'm leaving *home* now.

□ 6. **type**

What *type* of person is he?

□ 7. **economy**

It is due to the world *economy*.

□ 8. **important**

You're a very *important* person to me.

□ 9. **real**

It is different in *real* life.

□ 10. **left**

Turn *left* at the corner.

Learn : 모르는 단어 위주로 학습하세요

1. **become** [bikʌ́m] [비컴]

동…이 되다

His story *became* reality. *become의 과거
그의 이야기가 현실이 되었다.

2. **sit** [sit] [씰트]

동앉다

I like to *sit* in the front.
저는 맨 앞에 앉는 것을 좋아합니다.

3. **mostly** [móustli] [모(우)ㅅ틀리]

부대부분은, 주로

It will be *mostly* sunny tomorrow.
내일은 대체로 맑을 전망이다.

4. **point** [pɔint] [포인트]

명의견, 요점, (손가락 등으로) 가리키다

Could you get to the *point*?
요점만 알려 주시겠습니까?

5. **home** [houm] [호움]

명집 형부집의[에, 으로]

I'll stay *home* this weekend.
이번 주말에는 집에 있을 것이다.

6. type [taip] [타잎ㅍ]

명유형, 종류 동(컴퓨터로)입력하다, 타자 치다

Do you *care for any *type*?
좋아하는 유형이 있습니까?

*care for
: 좋아하다

7. economy [ikánəmi] [이카너미]]

명경제, 절약

Saving can help the *economy*.
저축은 경제에 도움을 준다.

8. important [impɔ́ːrtənt] [임포~턴ㅌ]

형중요한

Nothing is more *important* than life.
생명보다 더 중요한 것은 없다.

9. real [ríːəl] [리을ㄹ]

형진짜의, 진실의 부정말로

I can't tell *fake from *real*.
*가짜를 진짜와 구별하기 어렵다.

10. left [left] [레ㅍ트]

형부왼쪽의(으로) 명왼쪽

The mail box is on your *left*.
우편함이 당신 왼쪽에 있습니다.

 Tip!

• 'left'의 다른 뜻: '남은,남겨진'
  ex) left-over food (남은 음식)

Self Evaluation : 빈칸에 알맞은 단어를 쓰세요.

1. The song will [　　　　] popular.
   그 노래는 인기를 얻게 될 것이다.

2. [　　　　] (at a desk/in a circle)
   (책상 앞에/둥글게) 앉다.

3. They live [　　　　] in the city.
   그들은 **대부분** 도시에서 산다.

4. She [　　　　]ed to a building.
   그녀는 건물 하나를 **가리켰다.**

5. I'm leaving [　　　　] now.
   지금 **집에서** 출발합니다.

6. What [　　　　] of person is he?
   그는 어떤 **유형의** 사람입니까?

7. It is *due to the world [　　　　].
   그 것은 세계 **경제** (상황)에 *기인한 것이다.

8. You're a very [　　　　] person to me.
   당신은 내게 매우 **중요한** 사람입니다.

9. It is different in [　　　　] life.
   실생활에서는 다르다.

10. Turn [　　　　] at the corner.
    모퉁이에서 **왼쪽으로** 좌회전하십시오.

Self Test : 뜻을 아는 단어에 ☑ 표시하세요.

□ 1. **keep**
Keep it warm!

□ 2. **decide**
The winner was *decide*d.

□ 3. **food**
The *food* was really good.

□ 4. **understand**
I *understand* what you mean.

□ 5. **listen**
Listen carefully to the news.

□ 6. **law**
The new *law* will make children safe.

□ 7. **least**
It's the *least* I can do.

□ 8. **short**
Short pants are in fashion these days.

□ 9. **lower**
buy(it) at a *lower* price

□ 10. **human**
Robots are replacing *human*'s jobs.

Learn : 모르는 단어 위주로 학습하세요

1. **keep** [ki:p] [키잎ㅍ]

　　동유지하다

　　Keep in touch with them.
　　그들과 연락을 유지하십시오.

2. **decide** [disáid] [디싸이드]

　　동결정하다

　　Did you *decide* where to go?
　　어디로 갈 지 **결정했습니까?**

3. **food** [fu:d] [푸(우)드]

　　명식량, 음식

　　I learned about *food* *safety.
　　나는 **식품** *안전에 관하여 배웠다.

4. **understand** [ʌndərstǽnd] [언더스탠드]

　　동이해하다

　　You should *understand* the rules.
　　규칙을 **이해해야** 합니다.

5. **listen** [lísn] [ㄹ리쓴]

　　동(귀 기울여)듣다

　　Listen to her speech.
　　그녀의 연설을 들으세요!

6. law [lɔː] [ㄹ로]

명 법

keep/break the traffic *law*s
교통법규를 지키다/어기다

7. least [liːst] [ㄹ리ㅅ트]

형부 가장 작은[작게] 명 최소량

It's at *least* 15% cheaper today.
오늘은 **최소한** 15퍼센트 더 저렴하다.

8. short [ʃɔːrt] [쇼~ㅌ]

형 짧은, 키가 작은 부 …이 부족하다

She is wearing a *short* skirt.
그녀는 **짧은** 치마를 입고 있다.

9. lower [lóuər] [로우어~]

동 낮추다, 내리다 형 더 낮은[아래]쪽의

Lower the speed/(your)voice.
속도를/목소리를 **낮추어** 주십시오.

10. human [hjúːmən] [휴먼]

명형 인간(의)

Human body is mysterious.
사람의 육체는(인체는) 신비롭다.

Self Evaluation : 빈칸에 알맞은 단어를 쓰세요.

1. _____ it warm!
   따뜻하게(식지 않게) **유지하세요**!

2. The winner was _____d.
   승자가 **결정**되었다.

3. The _____ was really good.
   음식은 매우 맛있었습니다.

4. I _____ what you mean.
   무슨 말씀이신지 **이해**가 됩니다.

5. _____ carefully to the news.
   뉴스를 주의 깊게 **들으십시오**.

6. The new _____ will make children safe.
   새로운 **법**은 어린이들을 안전하게 할(지켜줄) 것이다.

7. It's the _____ I can do.
   이것이 내가 **최소한** 할 수 있는 일이다.

8. _____ pants are in fashion these days.
   요즘 **짧은** 바지가 유행이다.

9. buy(it) at a _____ price
   더 **낮은** 가격으로 구입하다.

10. Robots are *replacing _____'s jobs.
    로봇이 **사람**의 일을 *대신하고 있다.

Self Test : 뜻을 아는 단어에 ☑ 표시하세요.

□ 1. connect
Are you in *connect* with them?

□ 2. forget
I'm sorry, I *forgot* to call you.

□ 3. beautiful
It's a *beautiful* day for hiking.

□ 4. value
judge the *value* of (learning/gold)

□ 5. body
Stretch your *body*!

□ 6. guide
Look at this *guide* map.

□ 7. market
go around the *market* to buy~

□ 8. clear
The subject is not *clear*.

□ 9. local
We arrive at 2 o'clock *local* time.

□ 10. up
The box is *up*side down.

Learn : 모르는 단어 위주로 학습하세요

1. **connect** [kənékt] [컨넥트]

동연결하다, 연락하다

connect to the Internet
인터넷에 **연결**(접속)하다.

2. **forget** [fərgét] [포~겥]

동잊다

Please don't *forget* the promise!
약속 **잊지** 마세요!

3. **beautiful** [bjú:təfəl] [뷰우트플]

형아름다운, 멋진

Enjoy the *beautiful* view of Mt. Halla.
한라산의 **아름다운** 전경을 즐기세요.

4. **value** [vǽlju:] [밸류우]

명가치 동소중하게 생각하다

Above all, he *value*s honesty.
무엇보다도, 그는 정직을 **중요시합니다**.

5. **body** [bádi] [바디]

명몸, 신체

My *body* *aches all over.
몸살이 나서 온 몸이 *아프다.

6. guide [gaid] [가이드]

명안내(서)(인) 동안내하다

a *guide* service for visitors
방문객들을 위한 **안내** 서비스

7. market [máːrkit] [마~킽ㅌ]

명시장

Where is the bus stop near the *market*?
시장 근처에 버스 정거장이 어디에 있습니까?

8. clear [kliər] [클리어~]

형분명한, 맑은 동치우다, 내보내다

The pond looks *clear* today.
오늘 연못이 **맑아** 보인다.

9. local [lóukəl] [로우컬]

형지역의, 현지의 명주민, 현지인

the *local* (produce/language)
지역 상품(농산물)/언어

10. up [ʌp] [엎ㅍ]

전부 …의 위로[에]

Pull it *up*, please!
위쪽으로 당겨주세요!

✏️ **Self Evaluation** : 빈칸에 알맞은 단어를 쓰세요.

1. Are you in [   ] with them?
   그들과 **연락**하고 지내십니까?

2. I'm sorry, I [   ] to call you.
   죄송합니다. 전화드리는 것을 깜빡 **잊었습니다**.

3. It's a [   ] day for *hiking.
   *등산하기에 **멋진** 날이다.

4. judge the [   ] of (learning/gold)
   (학습/금)의 **가치**를 판단하다.

5. Stretch your [   ]!
   몸을 쭉 펴세요!

6. Look at this [   ] map.
   이 **안내** 지도를 보세요.

7. go around the [   ] to buy~
   ~를 사려고 **시장**을 돌아다니다.

8. The subject is not [   ].
   주제가 **분명하지** 않다.

9. We arrive at 2 o'clock [   ] time.
   현지 시간으로 2시에 도착합니다.

10. The box is [   ] side down.
    상자의 위 아래가 거꾸로 되어 있다(뒤집혔다).

Self Evaluation : 뜻을 아는 단어에 ☑ 표시하세요.

☐ 1 wait	☐ 18 few	☐ 35 listen
☐ 2 know	☐ 19 hard	☐ 36 law
☐ 3 find	☐ 20 public	☐ 37 least
☐ 4 person	☐ 21 become	☐ 38 short
☐ 5 read	☐ 22 sit	☐ 39 lower
☐ 6 busy	☐ 23 mostly	☐ 40 human
☐ 7 data	☐ 24 point	☐ 41 connect
☐ 8 because	☐ 25 home	☐ 42 forget
☐ 9 while	☐ 26 type	☐ 43 beautiful
☐ 10 next	☐ 27 economy	☐ 44 value
☐ 11 take	☐ 28 important	☐ 45 body
☐ 12 come	☐ 29 real	☐ 46 guide
☐ 13 learn	☐ 30 left	☐ 47 market
☐ 14 experience	☐ 31 keep	☐ 48 clear
☐ 15 book	☐ 32 decide	☐ 49 local
☐ 16 job	☐ 33 food	☐ 50 up
☐ 17 end	☐ 34 understand	

Review
5

배운 단어를 얼마나 기억하세요? 정답은 140page 참조
• 맞은 갯수 30개 이하: 수고하셨어요. 한 번만 더 복습^^
• 맞은 갯수 30개 이상: OK! 어려운 단어 복습
• 맞은 갯수 40개 이상: Very Good!!

🔑 Self Evaluation : 빈칸을 채워 보세요.

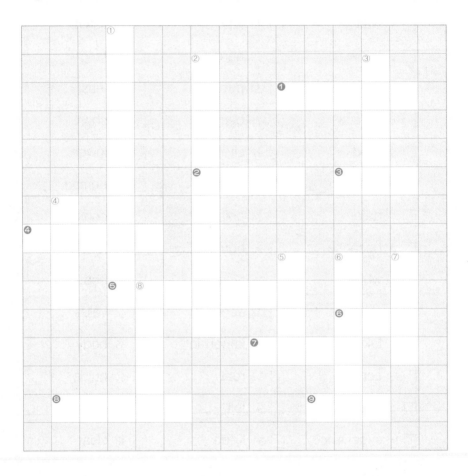

[가로열쇠]

①human ②read ③few ④point ⑤economy ⑥sit ⑦left ⑧learn
⑨end

[세로열쇠]

①experience ②understand ③value ④book ⑤type ⑥listen
⑦data ⑧clear

🔑 [세로열쇠]

① It was an exciting [   ] . *D22*

② You should [   ] the rules. *D24*

③ Above all, he [   ] s honesty. *D25*

④ learn from a [   ] *D22*

⑤ Do you care for any [   ] ? *D23*

⑥ [   ] to her speech *D24*

⑦ Did you organize the [   ] ? *D21*

⑧ The pond looks [   ] today. *D25*

🔑 [가로열쇠]

❶ [   ] body is mysterious. *D24*

❷ Could you [   ] it loudly? *D21*

❸ There are [   ] people in the park. *D22*

❹ Could you get to the [   ] ? *D23*

❺ Saving can help the [   ] . *D23*

❻ I like to [   ] in the front. *D23*

❼ The mail box is on your [   ] . *D23*

❽ I've [   ] ed much about art. *D22*

❾ In the [   ] , they will agree. *D22*

Self Evaluation : 뜻 해석

1 기다리다	18 얼마 안 되는	35 (귀 기울여) 듣다
2 알다	19 어려운, 열심히	36 법
3 찾다	20 일반인의, 공공의	37 가장 작은(게)
4 사람	21 …이 되다	38 짧은, 키가 작은
5 읽다	22 앉다	39 낮추다, 내리다
6 바쁜	23 대부분은, 주로	40 인간(의)
7 자료	24 의견, 요점	41 연결[접속]하다
8 …때문에	25 집	42 잇다
9 …동안, 잠시	26 유형, 종류	43 아름다운
10 다음의, 옆에	27 경제, 절약	44 가치
11 잡다, 가져가다	28 중요한	45 몸, 신체
12 오다, 나타나다	29 진짜의, 진실의	46 안내
13 배우다	30 왼쪽의	47 시장
14 경험(하다)	31 유지하다	48 분명한, 맑은
15 책	32 결정하다	49 지역의, 현지의
16 일, 직장	33 식량, 음식	50 …의 위로(에)
17 끝(나다)	34 이해하다	

왕초보 탈출 영단어 **ABC**

왕초보 탈출
영단어 Level 1

*Day
26 ~ 30

이번 주에 배울 단어를 미리 살펴보세요!

1 start	11 thank	21 put	31 seek	41 act
2 play	12 provide	22 close	32 collect	42 set
3 interest	13 create	23 feel	33 knowledge	43 sky
4 state	14 company	24 bird	34 power	44 love
5 radio	15 card	25 literature	35 touch	45 internet
6 course	16 price	26 problem	36 economics	46 position
7 whether	17 size	27 control	37 high	47 science
8 easy	18 long	28 old	38 wrong	48 big
9 specific	19 late	29 fast	39 common	49 direct
10 full	20 phone	30 wide	40 quick	50 excellent

Self Test : 뜻을 아는 단어에 ☑ 표시하세요.

□ 1. **start**

We have to *start* again.

□ 2. **play**

watch /perform a *play*

□ 3. **interest**

He has a lot of *interest* in math.

□ 4. **state**

She's in a good *state* of health.

□ 5. **radio**

I heard the news on the *radio*.

□ 6. **course**

complete the whole *course*

□ 7. **whether**

I don't know *whether* it's real.

□ 8. **easy**

This bag is *easy* to carry.

□ 9. **specific**

I made *specific* plans for you.

□ 10. **full**

Sam is working *full*-time.

Learn : 모르는 단어 위주로 학습하세요

1. **start** [staːrt] [ㅅ타~ㅌ]

동시작하다 명시작

I *start* studying at 8 o'clock.
나는 8시 정각에 공부를 **시작한다**.

2. **play** [plei] [플레이]

동명놀다, (경기.연주)하다, 연극

play a game/in the water
경기를 하다/물놀이를 하다

> **Tip!**
> * 'play'의 매우 유용한 표현들
> * 스포츠   play tennis/baseball ~
>   (테니스.야구경기를 하다)
> * 연 주   play the piano
>   (피아노를 연주하다)
> * 음악.CD   play the CD
>   (CD를 틀다)

3. **interest** [íntərəst] [인터러ㅅㅌ]

명흥미, 이자 동~의 관심을 끌다

How much is the *interest*?
이자가 얼마죠?

4. **state** [steit] [스테일ㅌ]

명상태, 국가 형국가의 동말하다, 진술하다

He *state*d why he needed that.
그는 그것이 필요한 이유를 **설명했다**.

5. **radio** [réidiòu] [레이디오우]

명라디오

She plays jazz on a live *radio* show.
그녀는 생방송 **라디오**에서 재즈를 연주합니다.

6. course [kɔːrs] [코~쓰]

명강의, 과정

I *signed up for a computer *course*.
컴퓨터 강좌를 들으려고 등록했다.

*sign up for
: ~에 등록하다

7. whether [hwéðər] [웨더~]

접…인지, …이든

I wonder *whether* he'll come.
그가 오는지 궁금하다.

8. easy [íːzi] [이이지]

형편한, 쉬운

Take it *easy*.
쉬엄쉬엄 하세요. (마음을 편히 하다)

9. specific [spisífik] [ㅅ 피씨픽]

형구체적인, 독특한

Their offer is quite *specific*.
그들의 제안이 꽤 구체적이다.

10. full [ful] [푸울 ㄹ]

형가득한, 완전한, 정식의

Please write your name in *full*.
전체 이름(성과 이름)을 적어 주십시오.

Day
26

✏ Self Evaluation : 빈칸에 알맞은 단어를 쓰세요.

1. We have to ☐ again.
   우리는 다시 **시작해야** 한다.

2. watch /perform a ☐
   연극을 관람/공연하다.

3. He has a lot of ☐ in math.
   그는 수학에 많은 **흥미를** 갖고 있습니다.

4. She's in a good ☐ of health.
   그녀의 건강 **상태가** 좋다.

5. I *heard the news on the ☐ .
   라디오에서 뉴스를 들었다.   *hear의 과거형

6. complete the whole ☐
   전 **과정을** 마치다

7. I don't know ☐ it's real.
   그것이 사실**인지** 잘 모르겠습니다.

8. This bag is ☐ to carry.
   이 가방은 들고 다니기 **편하다.**

9. I made ☐ plans for you.
   당신을 위해 **구체적인** 계획을 세웠어요.

10. Sam is working ☐ -time.
    쌤은 **정규직으로** 일하고 있습니다.

□ 1. **thank**

*Thank*s a lot for your help.

□ 2. **provide**

provide (~) for people

□ 3. **create**

He *create*d the robot.

□ 4. **company**

The *company* was set up in 2015.

□ 5. **card**

Write your address on a *card*.

□ 6. **price**

Anyone can buy it at half *price*.

□ 7. **size**

What *size* do you wear?

□ 8. **long**

It's been a *long* time.

□ 9. **late**

stay up *late* at night

□ 10. **phone**

I'm on the *phone* all day.

Day
27

Learn : 모르는 단어 위주로 학습하세요

1. thank [θæŋk] [쌩 ㅋ]

동감사하다

Thank you for your time.
시간 내주셔서 **감사합니다**.

2. provide [prəváid] [프러**바**이드]

동제공[공급]하다

Meals will be *provide*d.
식사가 **제공될** 것입니다.

3. create [kriéit] [크리**에**이트]

동창조하다

We need to *create* a new model.
우리는 새 모형을 **만들** 필요가 있다.

4. company [kʌ́mpəni] [**컴**퍼니]

명회사, 단체

It was made by a Thai *company*.
그것은 태국의 한 **회사**에 의해 만들어졌다.

5. card [kaːrd] [카~드]

명카드, 증서

Here's my(name *card*/ID *card*).
저의 (명함/신분증)입니다.

6. price [prais] [프라이쓰]

명가격, 물가 동가격을 매기다

What will be the *price*s?
가격은 얼마나 될까요?

7. size [saiz] [싸이즈]

명크기 동크기를 표시하다

It is about the *size* of an egg.
그것은 달걀 크기만 합니다.

8. long [lɔːŋ] [롱]

형긴 부오랫동안

He left a *long* message for me.
그는 나에게 전달 사항을 길게 남겼다.

9. late [leit] [ㄹ레이ㅌ]

형늦은, 지각한 부늦게

I was *late* for class(work).
수업(직장)에 지각을 했다.

10. phone [foun] [포운]

명전화

May I use the *phone*?
전화 좀 써도 될까요?

Self Evaluation : 빈칸에 알맞은 단어를 쓰세요.

1. _____ s a lot for your help.
   도와주셔서 매우 **고맙습니다**.

2. _____ (~) for people
   사람들에게(을 위해) ~를 **제공하다**

3. He _____ d the robot.
   그가 그 로봇을 **만들었습니다**.

4. The _____ was set up in 2015.
   그 **회사**는 2015년에 설립되었다

5. Write your address on a _____ .
   당신의 주소를 **카드**에 쓰세요.

6. Anyone can buy it at half _____ .
   누구나 **반값**에 구입 가능합니다.

7. What _____ do you wear?
   어떤 **치수**를 입으세요?

8. It's been a _____ time.
   오랜만입니다.

9. stay up _____ at night
   밤늦게까지 깨어 있다. (밤을 새다)

10. I'm on the _____ all day.
    나는 하루 종일 **전화**에 매달려 있다.

Self Test : 뜻을 아는 단어에 ☑ 표시하세요.

□ 1. **put**
I *put* the bill in the pocket.

□ 2. **close**
Take a *close*r look at~

□ 3. **feel**
I *feel* good now.

□ 4. **bird**
Killing two *bird*s with one stone.

□ 5. **literature**
I'm interested in children's *literature*.

□ 6. **problem**
But there's only one *problem*.

□ 7. **control**
This *control*s the volume.

□ 8. **old**
The washing machine got *old*.

□ 9. **fast**
The balloon rose up *fast*.

□ 10. **wide**
Open your eyes *wide*!

Day
28

Learn : 모르는 단어 위주로 학습하세요

1. put [put] [풋 ㅌ]

동두다, 넣다

Put it on the *drawer.
*서랍장 위에 두세요.

2. close [klouz] [클로우즈]

동닫다 형가까운

close the door /the book
문을 닫다/책을 덮다.

3. feel [fiːl] [피일 ㄹ]

동(기분이)들다, 느끼다 명촉감, 감촉

I *feel* the same way.
나도 그렇게 생각해.

4. bird [bəːrd] [버~드]

명새

The boy *set the *bird* free.
소년이 새를 놓아주었다.

*set free
: 풀어주다

5. literature [lítərətʃər] [ㄹ리터러처~]

명문학

Her major is modern *literature*.
그녀의 전공은 현대 문학이다.

6. **problem** [prábləm] [프라블럼]

[명]문제

It's my health *problem*.
그것은 내 건강 **문제입니다.**

7. **control** [kəntróul] [컨트로울]

[동]통제하다, 제어하다 [명]지배권, 통제

I'm trying to *control* my anger.
나는 화를 제어하려고 노력 중입니다.

8. **old** [ould] [오(울)드]

[형]나이 먹은, 오래된

He's the *old*est son.
그는 장남(맏아들)이다.

9. **fast** [fæst] [패ㅅ트]

[형][부]빠른[르게]

The blender is really *fast*.
믹서기가 정말 **빠르다.**

10. **wide** [waid] [와이드]

[형]넓은 [부]완전히

The mat is two meters *wide*.
매트의 폭이 2미터 정도 된다.

✎ **Self Evaluation** : 빈칸에 알맞은 단어를 쓰세요.

1. I ⬚⬚⬚⬚ the bill in the pocket.
   계산서를 주머니에 **넣었다**.

2. Take a ⬚⬚⬚⬚r look at~
   ~을 좀 더 **가까이** 보십시오.

3. I ⬚⬚⬚⬚ good now.
   나 지금 **기분**이 좋아요.

4. Killing two ⬚⬚⬚⬚s with one stone.
   일석이조 (돌 하나로 두 마리의 **새**를 한꺼번에 얻음)

5. I'm interested in children's ⬚⬚⬚⬚.
   나는 아동 **문학**에 관심이 있다.

6. But there's only one ⬚⬚⬚⬚.
   하지만 한 가지 **문제점**이 있다.

7. This ⬚⬚⬚⬚s the volume.
   이 장치는 음량을 **조절한다**.

8. The washing machine got ⬚⬚⬚⬚.
   세탁기가 **노후화**되었다.

9. The balloon *rose up ⬚⬚⬚⬚.
   풍선이 **빠르게** 올랐다.　　　 * 'rise오르다'의 과거

10. Open your eyes ⬚⬚⬚⬚!
    눈을 **크게** 떠보세요!

👉 Self Test : 뜻을 아는 단어에 ☑ 표시하세요.

- [ ] 1. **seek**
  We must *seek* him.

- [ ] 2. **collect**
  First, *collect* the information.

- [ ] 3. **knowledge**
  Knowledge is power.

- [ ] 4. **power**
  The *power* went out during a typhoon.

- [ ] 5. **touch**
  Be careful when *touch*ing the glass.

- [ ] 6. **economics**
  I studied *economics* at a university.

- [ ] 7. **high**
  How *high* is the mountain?

- [ ] 8. **wrong**
  What's *wrong* with you?

- [ ] 9. **common**
  It is a *common* scene.

- [ ] 10. **quick**
  You should take *quick* actions.

Day
29

Learn : 모르는 단어 위주로 학습하세요

1. **seek** [siːk] [씨일 ㅋ]

동찾다

Why not *seek* help from Chris?
크리스에게 도움을 **청하지** 그래요?

2. **collect** [kəlékt] [컬렉ㅌ]

동모으다, 수집하다

My hobby is *collect*ing coins.
나의 취미는 동전 **수집**이다.

3. **knowledge** [nálidʒ] [날리쥬]

명지식

I have some history *knowledge*.
역사에 관하여 약간의 **지식**이 있다.

4. **power** [páuər] [파우어~]

명동힘, 능력, 전력(을 공급하다)

It is out of my *power*.
그것은 내 **능력** 밖입니다.

5. **touch** [tʌʧ] [터치]

동만지다, 감동시키다

The movie was *touch*ing.
그 영화는 **감동적**이었습니다.

6. economics [èkənámiks] [에커나믹쓰]

명 경제학

I read a book on *economics*.
경제학(이론)에 관한 책을 읽었다.

7. high [hai] [하이]

형 부 높은[이] 명 최고, 고기압

He jumped *high* to see it.
그는 그것을 보려고 높게 점프했다.

8. wrong [rɔ́ːŋ] [륑]

형 틀린, 잘못된 명 나쁜 행동

You're going the *wrong* way.
잘못된 길로 가고 계십니다.

9. common [kámən] [카먼]

형 흔한, 공통의

It's a *common* and special dish.
이것은 평범하면서 특별한 음식이다.

10. quick [kwik] [퀵]

형 부 신속한[히]

The player made a *quick* recovery
그 선수는 회복이 빨랐다. (신속한 회복을 했다)

Self Evaluation : 빈칸에 알맞은 단어를 쓰세요.

1. We must ☐ him.
   우리는 반드시 그를 찾아야 합니다.

2. First, ☐ the information.
   먼저, 정보를 수집하세요.

3. ☐ is power.
   지식이 힘이다.

4. The ☐ went out during a *typhoon.
   *태풍으로 전기가 나갔다.

5. Be careful when ☐ing the glass.
   유리를 만질 때 조심하십시오.

6. I studied ☐ at a university.
   저는 대학에서 경제학을 공부했습니다.

7. How ☐ is the mountain?
   그 산은 얼마나 높아요?

8. What's ☐ with you?
   무슨 일이 잘못됐습니까? (괜찮습니까)

9. It is a ☐ scene.
   이것은 흔한 광경이다.

10. You should take ☐ actions.
    신속한 조치를 취해야 합니다.

☞ Self Test : 뜻을 아는 단어에 ☑ 표시하세요.

☐ 1. **act**

The boy *act*ed like an adult.

☐ 2. **set**

set the timer for 30 minutes

☐ 3. **sky**

a pie in the *sky*

☐ 4. **love**

They got married for *love*.

☐ 5. **internet**

You can search the *Internet*.

☐ 6. **position**

people in high *position*

☐ 7. **science**

attend the *science* fair

☐ 8. **big**

How *big* is the picture?

☐ 9. **direct**

I'm in *direct* contact with the CEO.

☐ 10. **excellent**

This car is in *excellent* condition.

Day
30

Learn : 모르는 단어 위주로 학습하세요

1. **act** [ækt] [액ㅌ]

　　명동행동(하다), 연기하다

　　He *act*ed his part very well.
　　그는 자신의 배역을 매우 잘 **연기**했다.

2. **set** [set] [쎝ㅌ]

　　동…에 놓다, 세우다 명세트 형정해진

　　I ordered a gift *set* of dishes.
　　그릇 선물 **세트**를 주문했다.

3. **sky** [skai] [스카이]

　　명하늘

　　The *sky* cleared up.
　　하늘이 맑게 개었다.

4. **love** [lʌv] [ㄹ러브]

　　명동사랑.연애(하다), 매우 좋아하다

　　I *love* working with John.
　　존과 함께 일하는 것이 **정말 좋다**.

5. **internet** [íntərnèt] [인터~넽]

　　명인터넷

　　Tom often goes to an *Internet* café.
　　Tom은 **인터넷** 카페(pc방)에 자주 갑니다.

6. **position** [pəzíʃən] [퍼지션]

명위치, 지위

I'm in a comfortable *position*.
편안한 **자리**를 잡았다.

7. **science** [sáiəns] [싸이언쓰]

명과학

watch a *science* fiction film
공상 **과학** 영화를 보다

8. **big** [big] [빅]

형큰

A *big* event was *held in the park.
공원에서 **큰** 행사가 *열렸다. *1–Day59

9. **direct** [dirékt] [디~렉트]

부형직접(적인) 동지도하다

take a *direct* train/flight to~
~로 가는 (**직행열차/직항** 비행기)를 타다

10. **excellent** [éksələnt] [엑썰런트]

형훌륭한

It's an *excellent* idea/place.
정말 **훌륭한** 생각/장소이다.

Day
30

✎ **Self Evaluation** : 빈칸에 알맞은 단어를 쓰세요.

1. The boy _____ed like an *adult.
   소년은 *어른처럼 행동했다.

2. _____ the timer for 30 minutes
   타이머를 30분으로 맞추다

3. a pie in the _____
   하늘에 떠 있는 파이 (그림의 떡)

4. They got married for _____.
   그들은 연애결혼했다.

5. You can search the _____.
   인터넷 검색이 가능합니다.

6. people in high _____
   높은 직책에 있는 사람들

7. *attend the _____ fair
   과학 박람회에 *참석하다

8. How _____ is the picture?
   사진 크기가 어떻게 되죠?

9. I'm in _____ contact with the CEO.
   저는 CEO와 직접 접촉하고 있습니다.

10. This car is in _____ condition.
    이 차의 상태가 훌륭하다.

☀ Self Evaluation : 뜻을 아는 단어에 ☑ 표시하세요.

☐ 1 start	☐ 18 long	☐ 35 touch
☐ 2 play	☐ 19 late	☐ 36 economics
☐ 3 interest	☐ 20 phone	☐ 37 high
☐ 4 state	☐ 21 put	☐ 38 wrong
☐ 5 radio	☐ 22 close	☐ 39 common
☐ 6 course	☐ 23 feel	☐ 40 quick
☐ 7 whether	☐ 24 bird	☐ 41 act
☐ 8 easy	☐ 25 literature	☐ 42 set
☐ 9 specific	☐ 26 problem	☐ 43 sky
☐ 10 full	☐ 27 control	☐ 44 love
☐ 11 thank	☐ 28 old	☐ 45 internet
☐ 12 provide	☐ 29 fast	☐ 46 position
☐ 13 create	☐ 30 wide	☐ 47 science
☐ 14 company	☐ 31 seek	☐ 48 big
☐ 15 card	☐ 32 collect	☐ 49 direct
☐ 16 price	☐ 33 knowledge	☐ 50 excellent
☐ 17 size	☐ 34 power	

배운 단어를 얼마나 기억하세요? 정답은 166page 참조
• 맞은 갯수 30개 이하: 수고하셨어요. 한 번만 더 복습^^
• 맞은 갯수 30개 이상: OK! 어려운 단어 복습
• 맞은 갯수 40개 이상: Very Good!!

⚿ Self Evaluation : 빈칸을 채워 보세요.

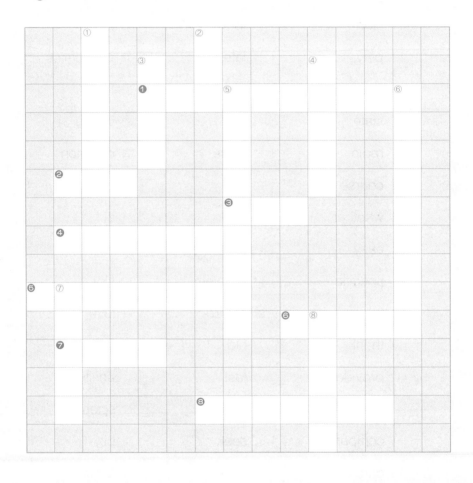

🔑 [세로열쇠]

① We need to [____] a new model. *D27*

② He [____] ed his part very well. *D30*

③ [____] a game/in the water *D26*

④ She's in a good [____] of health. *D26*

⑤ I read a book on [____]. *D29*

⑥ It's an [____] idea/place. *D30*

⑦ It is out of my [____]. *D29*

⑧ [____] you for your time. *D27*

⌁ [가로열쇠]

❶ Her major is modern [____]. *D28*

❷ I ordered a gift [____] of dishes. *D30*

❸ He's the [____] est son. *D28*

❹ It's my health [____]. *D28*

❺ Their offer is quite [____]. *D26*

❻ I [____] studying at 8 o'clock *D26*

❼ The mat is two meters [____]. *D28*

❽ watch a [____] fiction film *D30*

Self Evaluation : 뜻 해석

1 시작하다	18 긴	35 만지다
2 놀다, 역할을 하다	19 늦은, 지각한	36 경제학
3 흥미, 이자	20 전화	37 높은(이)
4 상태, 국가	21 두다, 넣다	38 틀린, 잘못된
5 라디오	22 닫다, 가까운	39 흔한, 공통의
6 강의, 과정	23 (기분이)들다, 느끼다	40 신속한(히)
7 …인지, …이든	24 새	41 행동(하다)
8 편한, 쉬운	25 문학	42 …에 놓다, 세우다
9 구체적인, 독특한	26 문제	43 하늘
10 가득한, 완전한	27 통제[제어]하다	44 사랑(하다)
11 감사하다	28 나이먹은, 오래된	45 인터넷
12 제공[공급]하다	29 빠른, 빠르게	46 위치, 지위
13 창조하다	30 넓은	47 과학
14 회사, 단체	31 찾다	48 큰
15 카드, 증서	32 모으다, 수집하다	49 직접적인
16 가격, 물가	33 지식	50 훌륭한
17 크기	34 힘, 능력, 전력	

왕초보 탈출 영단어 **ABC**

왕초보 탈출
영단어 Level 1

*Day
31 ~ 35

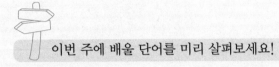

이번 주에 배울 단어를 미리 살펴보세요!

1 change	11 add	21 marry	31 consider	41 develop
2 like	12 begin	22 pray	32 choose	42 determine
3 waste	13 library	23 care	33 today	43 force
4 line	14 nature	24 group	34 idea	44 key
5 list	15 fact	25 risk	35 temperature	45 light
6 mind	16 product	26 word	36 top	46 name
7 trade	17 alone	27 slow	37 until	47 cool
8 extra	18 cut	28 woman	38 clean	48 fair
9 simple	19 bright	29 animal	39 fresh	49 fat
10 overall	20 flat	30 cheap	40 thin	50 fine

☞ Self Test : 뜻을 아는 단어에 ☑ 표시하세요.

□ 1. **change**

change the bus on the way

□ 2. **like**

The bird speaks just *like* a man.

□ 3. **waste**

Don't *waste* your time.

□ 4. **line**

draw a *line* on the paper

□ 5. **list**

Your name is on the waiting *list*.

□ 6. **mind**

He is absent *mind*ed.

□ 7. **trade**

I'm willing to *trade* with you.

□ 8. **extra**

I have an *extra* T-shirt.

□ 9. **simple**

You can follow these *simple* rules.

□ 10. **overall**

Tell us the *overall* outline.

Learn : 모르는 단어 위주로 학습하세요

1. change [ʧeindʒ] [체인지]

동변하다, 바꾸다 명변화, 기분 전환, 잔돈

Keep the *change*!
잔돈은 안 주셔도 됩니다.

2. like [laik] [ㄹ라잌ㅋ]

동좋아하다 전…같은

I'd *like* to *try the coat on.
코트를 입어 보고 싶다.

✎ *try on
  : 착용해 보다

3. waste [weist] [웨이ㅅ트]

명동낭비(하다)

This program is a *waste* of money.
이 프로그램은 돈 낭비이다.

4. line [lain] [ㄹ라인]

명선, 줄, 노선 동줄을 서다

line up(=stand in *line*)
한 줄로 서다.

5. list [list] [ㄹ리ㅅ트]

명동목록(을 작성하다)

I make a *list* of work to do.
나는 해야 할 일의 목록을 작성한다.

6. **mind** [maind] [마인드]

동마음, 정신 동신경쓰다, 꺼리다

I don't *mind* at all.
전 정말 괜찮습니다. (마음에 꺼리지 않는다.)

7. **trade** [treid] [트레이드]

명동거래, 교역(하다), 교환하다

Would you *trade* seats with me?
저와 자리를 *바꾸시겠습니까?

8. **extra** [ékstrə] [엑ㅆ트러]

형부여분의[으로] 명추가되는 것

You need to pay *extra*.
추가로 비용을 지불해야 합니다.

9. **simple** [símpl] [씸플]

형간단한, 단순한

Make it short and *simple*.
짧고 간단하게 해 주십시오.

10. **overall** [óuvərɔ:l] [오우버로올]

형전체적인 부종합적으로

The *overall* situation is good.
전반적인 상황은 좋습니다.

✎ **Self Evaluation** : 빈칸에 알맞은 단어를 쓰세요.

1. _____ the bus on the way
   도중에 버스를 갈아타다.

2. The bird speaks just _____ a man.
   새가 사람처럼 말을 한다.

3. Don't _____ your time.
   시간을 낭비하지 마세요!

4. draw a _____ on the paper
   종이 위에 선을 그리다

5. Your name is on the waiting _____ .
   당신의 이름이 대기자 명단에 있습니다.

6. He is *absent _____ ed.
   그는 건망증이 있다. (정신이 *없다)

7. I'm willing to _____ with you.
   당신과 거래할 의향이 있습니다.

8. I have an _____ T-shirt.
   나에게 여분의 티셔츠가 있습니다.

9. You can follow these _____ rules.
   이 간단한 규칙들을 따르면 됩니다.

10. Tell us the _____ outline.
    전반적인 아웃라인(개요)를 알려 주십시오.

☞ **Self Test** : 뜻을 아는 단어에 ☑ 표시하세요.

□ 1. **add**
   There is nothing more to *add*.

□ 2. **begin**
   The river is *begin*ning to melt.

□ 3. **library**
   renew the *library* books

□ 4. **nature**
   He's easy-going by *nature*.

□ 5. **fact**
   The report is based on *fact*.

□ 6. **product**
   You may select *product*s.

□ 7. **alone**
   I was all *alone* inside the tent.

□ 8. **cut**
   I *cut* my finger while cooking.

□ 9. **bright**
   Look on the *bright* side!

□ 10. **flat**
   The floor is not *flat*.

📖 **Learn** : 모르는 단어 위주로 학습하세요

1. add [æd] [애드]

> 图추가하다
>
> An item was *add*ed to the list.
> 항목 하나가 **추가되었습니다.**

2. begin [bigín] [비긴]

> 图시작하다
>
> It is time to *begin*.
> **시작할** 시간입니다.

3. library [láibrèri] [라이브러리]

> 图도서관
>
> *check out a book at the *library*
> 도서관에서 책을 *빌리다.

4. nature [néitʃər] [네이쳐~]

> 图자연, 본성
>
> Spending time in the *nature* is good.
> **자연**에서 시간을 보내는 것은 좋습니다.

5. fact [fækt] [팩트]

> 图사실
>
> There are three other *fact*s.
> 세 가지 다른 **사실**이 더 있습니다.

6. **product** [prádʌkt] [프라덕트]

> 명생산물, 상품
>
> It's the total sales of the *product*s.
> 제품의 총 판매량입니다.

7. **alone** [əlóun] [얼로운]

> 형부혼자
>
> study / travel / live *alone*
> 혼자서 공부하다/여행하다/살다.

8. **cut** [kʌt] [컽트]

> 동자르다 명상처, 삭감
>
> I had my hair *cut* short.
> 나는 머리를 짧게 잘랐다.

9. **bright** [brait] [브라잍트]

> 형밝은, 총명한
>
> He's a *bright* and *polite boy.
> 그는 총명하고 *예의 바른 소년이다.

10. **flat** [flæt] [플랱트]

> 형부평평한[하게] 명아파트식 주거지
>
> The mountain has a *flat* top.
> 그 산의 정상은 평평하다.

Self Evaluation : 빈칸에 알맞은 단어를 쓰세요.

1. There is nothing more to [　　　　].
   더 이상 **추가할** 것은 없다.

2. The river is [　　　　]ning to melt.
   강물이 녹기 **시작**한다.

3. *renew the [　　　　] books
   도서관에서 빌린 책을 *연장하다.

4. He's easy-going by [　　　　].
   그는 **본성**이 느긋하다.

5. The report is based on [　　　　].
   그 보고서는 **사실**에 근거하고 있습니다.

6. You may *select [　　　　]s. *1-Day9
   상품을 *고를 수 있습니다.

7. I was all [　　　　] inside the tent.
   나는 **홀로** 텐트 안에 있었다.

8. I [　　　　] my finger while cooking.
   요리하다가 손가락을 **베었다.**

9. Look on the [　　　　] side!
   긍정적으로(밝은 쪽으로) 생각하세요!

10. The floor is not [　　　　].
    바닥이 **평평하지** 않다.

☞ Self Test : 뜻을 아는 단어에 ☑ 표시하세요.

□ 1. **marry**
He said, "Would you *marry* me?"

□ 2. **pray**
We *pray* for your happiness.

□ 3. **care**
I don't *care* about others.

□ 4. **group**
I don't like *group* activities.

□ 5. **risk**
We need to take a *risk*.

□ 6. **word**
She is memorizing the *word*s.

□ 7. **slow**
Could you *slow* down, please?

□ 8. **woman**
She is the *woman* I met yesterday.

□ 9. **animal**
Which *animal* do you like the most?

□ 10. **cheap**
I know some *cheap* restaurants near here.

Learn : 모르는 단어 위주로 학습하세요

1. marry [mǽri] [메리]

동…와 결혼하다

He decided to *marry* Lisa.
그는 리사와 **결혼하기로** 했다.

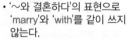 **Tip!**

• '~와 결혼하다'의 표현으로
'marry'와 'with'를 같이 쓰지
않는다.

ex) I will marry James. (o)
　　 I will marry with James. (x)

2. pray [prei] [프레이]

동기도하다

Today I *pray* for my parents.
오늘 나는 부모님을 위해 **기도합니다.**

3. care [kɛər] [케어~]

동상관하다, 보살피다 명돌봄, 주의

Please handle it with *care*.
조심해서 다뤄주세요.

4. group [gruːp] [그룹ㅍ]

명집단 동(무리를 지어)모이다

Let's work in *group*s.
그룹별로 나누어 일합시다.

5. risk [risk] [리ㅅ크]

명위험 동…을 위태롭게 하다

The programs are at *risk*.
프로그램들이 **위험**에 노출되어 있습니다.

6. **word** [wəːrd] [워~드]

　명단어, 낱말

　I can't think of the right *word*s.
　적당한 단어가 생각나지 않는다.

7. **slow** [slou] [슬로우]

　형느린 동천천히 가다, 속도를 줄이다

　My computer/Traffic is *slow*.
　내 컴퓨터가/교통이 **느리다**(원활하지 않다).

8. **woman** [wúmən] [워먼]

　명(성인)여성

　Where's the *women*'s clothing corner?
　여성 의류매장은 어디입니까?　woman의 복수형

9. **animal** [ǽnəməl] [애ㄴ멀]

　명동물

　Enjoy *animal* shows at the zoo.
　동물원에서 **동물쇼**를 즐기시기 바랍니다.

10. **cheap** [ʧiːp] [치잎ㅍ]

　형(값이) 싼

　The rent is *cheap* here.
　이곳은 임대료가 **저렴**합니다.

Self Evaluation : 빈칸에 알맞은 단어를 쓰세요.

1. He said, "Would you [____] me?"
   그는 말했다. "나와 **결혼해** 주시겠습니까?"

2. We [____] for your happiness.
   우리는 당신의 행복을 위하여 **기도합니다**.

3. I don't [____] about others.
   나는 다른 사람들에게 **관심이 없습니다**.

4. I don't like [____] activities.
   나는 **단체** 활동을 좋아하지 않습니다.

5. We need to take a [____].
   우리는 **위험을** 감수해야 합니다.

6. She is *memorizing the [____]s.
   그녀는 **단어들을** *외우고 있다.

7. Could you [____] down, please?
   좀 **천천히** 부탁해요. (운전 혹은 말이 빠를 때)

8. She is the [____] I met yesterday.
   그녀는 내가 어제 만났던 **여성이다**.

9. Which [____] do you like the most?
   당신은 어떤 **동물을** 가장 좋아합니까?

10. I know some [____] restaurants near here.
    이 근처의 **저렴한** 식당들을 알고 있다.

👉 Self Test : 뜻을 아는 단어에 ☑ 표시하세요.

□ 1. **consider**
It was *consider*ed a great idea.

□ 2. **choose**
You can *choose* any color.

□ 3. **today**
Today's special menu is ~ .

□ 4. **idea**
It seems like a good *idea*.

□ 5. **temperature**
The *temperature* in the room is high.

□ 6. **top**
Write your name at the *top*.

□ 7. **until**
The musical will run *until* next week.

□ 8. **clean**
The streets were all *clean*ed.

□ 9. **fresh**
It will stay *fresh* for a week.

□ 10. **thin**
He was a *thin* and short boy.

Learn : 모르는 단어 위주로 학습하세요

1. consider [kənsídər] [컨시더~]

동 숙고[고려]하다

I need time to *consider*.
고려할 시간이 필요합니다.

2. choose [ʧuːz] [추우즈]

동 선택하다

Why did you *choose* this music?
왜 이 음악을 선택했습니까?

3. today [tədéi] [터데이]

명 오늘 부 요즈음

Jane's off *today*.
제인은 오늘 근무가 없습니다.

4. idea [aidíːə] [아이디어]

명 생각, 계획

I have no *idea* about it.
그 일에 관해서 생각하는 바가 없습니다. (잘 모른다)

5. temperature [témpərəʧər] [템퍼러처~]

명 기온, 체온

She still has a *temperature*.
그녀가 아직 열이 있다.

6. **top** [tap] [탚 ㅍ]

명정상, 맨 위 형최고의, 맨 위의

I put a star on the *top* of the tree.
나는 별을 트리의 맨 위에 올려놓았다.

7. **until** [əntíl] [언티을]

접전…(때)까지

*Stir it *until* the water boils.
물이 끓을 때까지 *저어 주십시오.

8. **clean** [kli:n] [클리인]

형깨끗한 동청소하다

Keep your room *clean*.
방을 깨끗하게 유지하세요.

9. **fresh** [freʃ] [프레쉬]

형신선한

It's a *fresh* fish that I *caught.
이것은 내가 *잡은 신선한 생선이다.   *catch의 과거

10. **thin** [θin] [씬]

형얇은, 마른

The cloth is too *thin*.
옷감이 너무 얇다.

✎ **Self Evaluation** : 빈칸에 알맞은 단어를 쓰세요.

....

1. It was [   ]ed a great idea.
   그것은 훌륭한 아이디어라고 **여겨졌다**(생각되었다).

2. You can [   ] any color.
   어떤 색상이든 **고를** 수 있습니다.

3. [   ]'s special menu is ~ .
   오늘의 특별 메뉴는 ~입니다.

4. It seems like a good [   ].
   그것은 좋은 **생각** 같다.

5. The [   ] in the room is high.
   방 안 **온도**가 높다.

6. Write your name at the [   ].
   맨 위에 이름을 쓰세요.

7. The musical will run [   ] next week.
   뮤지컬공연은 다음 **주까지** 계속될 것입니다.

8. The streets were all [   ]ed.
   거리가 모두 **청소되었다**.

9. It will stay [   ] for a week.
   일주일 동안 **신선한** 상태로 유지될 것입니다.

10. He was a [   ] and short boy.
    그는 **마르고** 키가 작은 소년이었다.

👉 **Self Test** : 뜻을 아는 단어에 ☑ 표시하세요.

□ 1. **develop**
   The company *develop*ed a new product.

□ 2. **determine**
   I *determine*d to tell him.

□ 3. **force**
   They will not solve it by *force*.

□ 4. **key**
   I can't find my car *key*.

□ 5. **light**
   The *light* is very bright.

□ 6. **name**
   It's such a beautiful *name*!

□ 7. **cool**
   Please store this in a *cool* place.

□ 8. **fair**
   He was *fair* to all children.

□ 9. **fat**
   cut down on *fat*

□ 10. **fine**
   He was *fine*d for speeding.

Learn : 모르는 단어 위주로 학습하세요

1. **develop** [divéləp] [디벨렆ㅍ]

> 동성장[발달]하다
>
> *develop* recipes / materials
> 조리법/자료들을 **개발하다**

2. **determine** [ditə́:rmin] [디터~민]

> 동결정하다, 알아내다
>
> It's a little early to *determine*.
> 결정하기에는 조금 이르네요.

3. **force** [fɔ:rs] [포~쓰]

> 명물리력, 힘 동~를 강요하다
>
> Don't use *force* to a person.
> 사람에게 **힘**을 휘두르지 마십시오.

4. **key** [ki:] [키이]

> 명열쇠
>
> May I have the *key* to my room?
> 제 방 **열쇠** 좀 주시겠어요?

5. **light** [lait] [ㄹ라잍ㅌ]

> 명동빛(을 비추다), 전등 형가벼운
>
> The street light is still on.
> 가로등이 아직 켜져 있다.

6. **name** [neim] [네임]

圀이름, 명성　圄이름 짓다

Your name tag fell off.
이름표가 떨어졌어요.

7. **cool** [ku:l] [쿠울]

圀시원한, 멋진　圄식히다

The weather is cooling off.
날씨가 **서늘**해지고 있다.

8. **fair** [fɛər] [페어~]

圀공정한, 상당한　圀박람회

It isn't a fair game.
이것은 **공정한** 경기가 아니다.

9. **fat** [fæt] [퍁ㅌ]

圀뚱뚱한, 두툼한　圀지방, 기름

He was fat and nice-looking.
그는 **몸집이 크고** 미남이었다.

10. **fine** [faɪn] [파인]

圀질 높은, 괜찮은　圀圄벌금(을 물리다)

Saturday is fine with me.
토요일이 저에게 **좋습니다**.

✏ Self Evaluation : 빈칸에 알맞은 단어를 쓰세요.

1. The company [   ]ed a new product.
   그 회사는 새로운 제품을 **개발했다**.

2. I [   ]d to tell him.
   나는 그에게 말하기로 **결정했다**.

3. They will not solve it by [   ].
   그들은 **강압적으로** 해결하지 않을 것입니다.

4. I can't find my car [   ].
   내 차의 **열쇠를** 찾을 수 없다.

5. The [   ] is very bright.
   불빛이 매우 밝군요.

6. It's such a beautiful [   ]!
   얼마나 예쁜 **이름인지**!

7. Please store this in a [   ] place.
   시원한 곳에 보관하십시오.

8. He was [   ] to all children.
   그는 모든 아이들에게 **공평했다**.

9. cut down on [   ]
   지방 섭취를 줄이다.

10. He was [   ]d for speeding.
    그에게 속도위반으로 **벌금이** 부과되었다.

Self Evaluation : 뜻을 아는 단어에 ☑ 표시하세요.

☐ 1 change	☐ 18 cut	☐ 35 temperature
☐ 2 like	☐ 19 bright	☐ 36 top
☐ 3 waste	☐ 20 flat	☐ 37 until
☐ 4 line	☐ 21 marry	☐ 38 clean
☐ 5 list	☐ 22 pray	☐ 39 fresh
☐ 6 mind	☐ 23 care	☐ 40 thin
☐ 7 trade	☐ 24 group	☐ 41 develop
☐ 8 extra	☐ 25 risk	☐ 42 determine
☐ 9 simple	☐ 26 word	☐ 43 force
☐ 10 overall	☐ 27 slow	☐ 44 key
☐ 11 add	☐ 28 woman	☐ 45 light
☐ 12 begin	☐ 29 animal	☐ 46 name
☐ 13 library	☐ 30 cheap	☐ 47 cool
☐ 14 nature	☐ 31 consider	☐ 48 fair
☐ 15 fact	☐ 32 choose	☐ 49 fat
☐ 16 product	☐ 33 today	☐ 50 fine
☐ 17 alone	☐ 34 idea	

배운 단어를 얼마나 기억하세요? 정답은 192page 참조
• 맞은 갯수 30개 이하: 수고하셨어요. 한 번만 더 복습^^
• 맞은 갯수 30개 이상: OK! 어려운 단어 복습
• 맞은 갯수 40개 이상: Very Good!!

🔑 Self Evaluation : 빈칸을 채워 보세요.

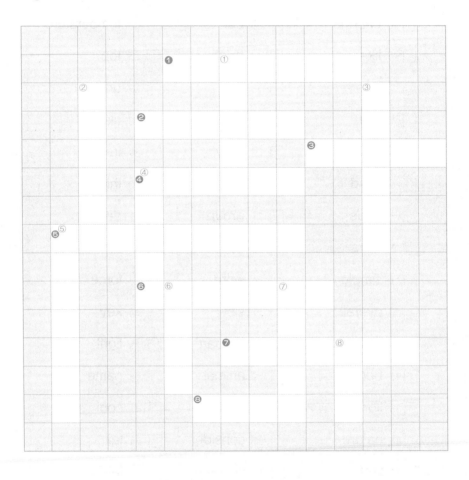

[가로열쇠]
①library ②bright ③extra ④change ⑤determine ⑥product
⑦overall ⑧thin

[세로열쇠]
①begin ②simple ③nature ④cheap ⑤develop ⑥risk
⑦clean ⑧add

🔑 [세로열쇠]

① It's time to ⬚ . *D32*

② Make it short and ⬚ . *D31*

③ Spending time in the ⬚ is good. *D32*

④ The rent is ⬚ here. *D33*

⑤ ⬚ recipes/materials *D34*

⑥ The programs are at ⬚ . *D33*

⑦ Keep your room ⬚ . *D33*

⑧ An item was ⬚ ed to the list. *D32*

🔑 [가로열쇠]

❶ check out a book at the ⬚ *D32*

❷ He's a ⬚ and polite boy. *D32*

❸ You need to pay ⬚ . *D31*

❹ Keep the ⬚ . *D31*

❺ It's a little early to ⬚ . *D34*

❻ It's the total sales of the ⬚ s. *D32*

❼ The ⬚ situation is good. *D31*

❽ The cloth is too ⬚ . *D33*

Self Evaluation : 뜻 해석

1	변하다, 바꾸다	18 자르다	35 기온, 체온
2	좋아하다, …같은	19 밝은,총명한	36 정상, 맨 위
3	낭비(하다)	20 평평한[하게]	37 …(때)까지
4	선, 줄, 노선	21 …와 결혼하다	38 깨끗한, 청소하다
5	목록(을 작성하다)	22 기도하다	39 신선한
6	마음, 정신	23 상관하다, 주의	40 얇은[게]
7	거래, 교역(하다)	24 집단	41 성장[발달]하다
8	여분의[으로]	25 위험	42 결정하다, 알아내다
9	단순한	26 단어, 낱말	43 힘, 강요하다
10	전체의(적으로)	27 느린	44 열쇠
11	추가하다	28 (성인) 여성	45 빛, 비추다
12	시작하다	29 동물	46 이름, 명성
13	도서관	30 (값이) 싼	47 시원한, 멋진
14	자연	31 숙고[고려]하다	48 공정한
15	사실	32 선택하다	49 뚱뚱한
16	생산물, 상품	33 오늘	50 괜찮은, 벌금
17	혼자	34 생각, 계획	

왕초보 탈출 영단어 **ABC**

왕초보 탈출
영단어 `Level 1`

*Day
36 ~ **40**

이번 주에 배울 단어를 미리 살펴보세요!

1 try	11 pretend	21 let	31 must	41 pay
2 check	12 show	22 call	32 move	42 remember
3 train	13 level	23 sense	33 research	43 sport
4 amount	14 order	24 service	34 area	44 fun
5 school	15 piece	25 rest	35 society	45 house
6 story	16 practice	26 boss	36 activity	46 industry
7 previous	17 current	27 national	37 tight	47 media
8 smooth	18 nearby	28 loud	38 wild	48 physical
9 major	19 personal	29 strange	39 gross	49 ill
10 thick	20 proud	30 super	40 natural	50 honest

Self Test : 뜻을 아는 단어에 ☑ 표시하세요.

□ 1. **try**

I'll *try* to be fair to everyone.

□ 2. **check**

Did you *check* the customer list?

□ 3. **train**

The players *train*ed for six months.

□ 4. **amount**

A large *amount* of water poured down.

□ 5. **school**

My *school* was closed for vacation.

□ 6. **story**

I have a *story* to share.

□ 7. **previous**

Let's review *previous* pages.

□ 8. **smooth**

The mat is very *smooth*.

□ 9. **major**

What is your *major*?

□ 10. **thick**

The book is three centimeters *thick*.

Day
36

Learn : 모르는 단어 위주로 학습하세요

1. **try** [trai] [트라이]

   동노력하다 명시도

   Just *try* your best.
   최선을 다해 **노력해** 보세요.

2. **check** [tʃek] [첵 ㅋ]

   동확인[점검]하다 명확인, 조사

   check out data on the website
   웹사이트에서 자료를 **확인하다**.

3. **train** [trein] [트레인]

   동훈련[교육]하다 명기차

   The *train* comes every 2 hours.
   기차가 두 시간 간격으로 온다.

4. **amount** [əmáunt] [어마운ㅌ]

   명총액, 양 동총계가 …에 이르다

   *lower the *amount* of caffeine
   카페인양을 **줄이다** *1-Day24

5. **school** [sku:l] [ㅅ쿠울]

   명학교

   She is ahead of me in *school*.
   그녀는 나의 **학교** 선배이다.

6. **story** [stɔ́:ri] [ㅅ**토**리]

명 이야기

This is the end of the *story*.
이것이 **이야기**의 마지막이다.

7. **previous** [prí:viəs] [프**리**비어쓰]

형 이전의, 바로 앞의

It's done by the *previous* manager.
전 관리자가 완료한 사항입니다.

8. **smooth** [smu:ð] [ㅅ무우ㄷ]

형 매끈한, 순조로운 동 매끈하게 하다

The deal with them was *smooth*.
그들과의 거래는 **순조로**웠다.

9. **major** [méidʒər] [**메**이저~]

형 주요한, 전공의 명 소령

The *major* problems were *settled.
주요 문제들은 *해결되었다.

10. **thick** [θik] [씩]

형 두꺼운, 걸죽한

You should tie it with a *thick* rope.
굵은 밧줄로 묶어야 합니다.

✎ **Self Evaluation** : 빈칸에 알맞은 단어를 쓰세요.

1. I'll ⬜ to be *fair to everyone.
   나는 모두에게 공정하도록 **노력할** 것이다. *1–Day35

2. Did you ⬜ the customer list?
   고객 명단 **확인**하셨습니까?

3. The players ⬜ed for six months.
   선수들은 6개월 동안 **훈련했다.**

4. A large ⬜ of water *poured down.
   많은 **량의** 물이 *쏟아졌다.

5. My ⬜ was closed for vacation.
   학교가 방학을 했다. (방학을 위해 문을 닫았다)

6. I have a ⬜ to share.
   들려줄 **이야기**가 있어요.

7. Let's review ⬜ pages.
   이전 페이지를 복습합시다.

8. The mat is very ⬜.
   매트가 매우 **부드럽다.**

9. What is your ⬜?
   전공이 무엇입니까? (대학에서)

10. The book is three centimeters ⬜.
    책의 **두께**가 3센티미터(3cm) 정도 된다.

Self Test : 뜻을 아는 단어에 ☑ 표시하세요.

□ 1. **pretend**
He *pretend*ed to be sleeping.

□ 2. **show**
Show your talent to us.

□ 3. **level**
Your calcium *level* is all right.

□ 4. **order**
The boss *order*ed him to stop it.

□ 5. **piece**
pick up a *piece* of paper

□ 6. **practice**
How long did you *practice*?

□ 7. **current**
The *current* rules won't be changed.

□ 8. **nearby**
Public phone booth was built *nearby*.

□ 9. **personal**
Can I ask you a *personal* question?

□ 10. **proud**
I feel *proud* of my decision.

Learn : 모르는 단어 위주로 학습하세요

1. **pretend** [priténd] [프리텐드]

동 …인 척하다

He *pretend*ed not to know that.
그는 그것을 모르는 **체했다.**

2. **show** [ʃou] [쇼우]

동 보여주다 명 공연물, 전시

Let me *show* you around.
이곳을 안내해 드리겠습니다. (이 근처를 보여드릴게요)

3. **level** [lévəl] [레블]

명 정도, 수준 형동 평평한[하게 하다]

It's the book of your *level*.
당신 **수준**에 맞는 책입니다.

4. **order** [ɔ́:rdər] [오~더~]

동 주문[명령]하다 명 순서

May I take your *order*?
주문하시겠습니까? (주문을 받을까요)

5. **piece** [piːs] [피이쓰]

명 조각, 부품, 작품

I found the last *piece* of the puzzle.
마지막 퍼즐 **조각**을 찾았다.

6. **practice** [præktis] [프렉티쓰]

명동(실행. 연습)하다

It's a common *practice*.
그것은 일반적인 **관행입니다**.

7. **current** [kə́:rənt] [커~런트]

형현재의 명(물.공기의) 흐름, 기류

Do you know the *current* situation?
현재의 상황을 알고 계십니까?   *1–Day37

8. **nearby** [nìərbái] [니어바이]

형인근의 부가까운 곳에

Where's the *nearby* post office?
인근의 우체국이 어디 있습니까?

9. **personal** [pə́rsənl] [퍼쓰늘]

형개인의

Personal data will not be open.
개인 신상 자료는 공개되지 않을 것입니다.

10. **proud** [praud] [프라우드]

형자랑스러운

We are very *proud* of you.
우리는 네가 무척 **자랑스럽다**.

Self Evaluation : 빈칸에 알맞은 단어를 쓰세요.

1. He [   ]ed to be sleeping.
   그는 잠을 자고 있는 **체했다**.

2. [   ] your talent to us.
   당신의 재능을 우리에게 **보여 주십시오**.

3. Your calcium [   ] is all right.
   당신의 칼슘 **수치**가 정상입니다.

4. The boss [   ]ed him to stop it.
   상사는 그에게 중단할 것을 **명령했다**.

5. pick up a [   ] of paper
   종잇조각을 줍다

6. How long did you [   ]?
   얼마나(오래) **연습**했습니까?

7. The [   ] rules won't be changed.
   현재의 규칙은 바뀌지 않을 것이다.

8. Public phone booth was built [   ].
   공중전화가 **근처에** 세워졌다.

9. Can I ask you a [   ] question?
   개인적인 질문을 해도 될까요?

10. I feel [   ] of my decision.
    나는 내 결정에 **자부심**을 느낀다.

Self Test : 뜻을 아는 단어에 ☑ 표시하세요.

□ 1. **let**
Let's review one by one.

□ 2. **call**
They *call* me 'Sue'.

□ 3. **sense**
She has a good *sense* of humor.

□ 4. **service**
Thank you for using room *service*.

□ 5. **rest**
Let's take a *rest* here.

□ 6. **boss**
The *boss* called you over.

□ 7. **national**
It's the movie about *national* heroes.

□ 8. **loud**
We shouted out *loud*.

□ 9. **strange**
He told us about a very *strange* accident.

□ 10. **super**
We had a *super* time in Taiwan.

Day
38

Learn : 모르는 단어 위주로 학습하세요

1. **let** [let] [렡ㅌ]

동…하게 두다, 허락하다, …하자

Let me hold your bag.
가방을 들어드리겠습니다. (가방을 들도록 해 주십시오)

2. **call** [kɔ:l] [콜]

동부르다, 전화를 걸다 명전화, 요청

I'll *call* back later.
나중에 다시 **전화드리**겠습니다.

3. **sense** [sens] [쎈쓰]

명감각 동느끼다

a *sense* of [duty /taste]
의무감 / 미각(맛을 보는 감각)

4. **service** [sə́:rvis] [써~비쓰]

동명(봉사.정비)하다, 고용

We offer full *service* to buyers.
구매하신 분들께 완벽한 **서비스**를 제공합니다.

5. **rest** [rest] [레ㅅ트]

동쉬다 명휴식, 나머지

You can take the *rest*.
나머지는 가져가도 좋습니다.

6. **boss** [bɔ:s] [보 ㅆ]

명상사

My *boss* is not a *mean person.
나의 **상사**는 *까다로운 사람이 아닙니다.

7. **national** [nǽʃənl] [내셔늘]

형국가의 명(특정 국가의) 국민

He joined the *national* contest.
그는 **전국** 대회에 출전했다.

8. **loud** [laud] [ㄹ라우드]

형부시끄러운[럽게]

I hear a very *loud* noise.
매우 **시끄러운** 소음이 들립니다.

9. **strange** [streindʒ] [ㅅ트레인지]

형이상한, 낯선

I feel something *strange* in here.
이곳에서 어떤 **이상한** 느낌이 든다.

 Tip!

• 'stranger'와 'strange person'
  : 다른 의미에 유의!

ex) a strange person
  : (행동 등이)이상한 사람
  a stranger
  : 처음 보는 낯선 사람

10. **super** [súːpər] [쑤우퍼~]

형대단한 부특별히

a *super*-sized TV/computer
초대형 TV/컴퓨터

✏️ Self Evaluation : 빈칸에 알맞은 단어를 쓰세요.

1. _____'s review one by one.
   하나씩 검토해 봅시다.

2. They _____ me 'Sue'.
   그들은 나를 '수'라고 부른다.

3. She has a good _____ of humor.
   그녀는 유머 감각이 넘친다.

4. Thank you for using room _____.
   룸서비스를 이용해 주셔서 감사합니다.

5. Let's take a _____ here.
   여기서 잠시 쉬자.

6. The _____ called you over.
   사장님이 당신을 불렀습니다.

7. It's the movie about _____ heroes.
   이것은 국민적 영웅에 관한 영화이다.

8. We shouted out _____.
   우리는 큰소리로 외쳤다.

9. He told us about a very _____ accident.
   그는 우리에게 이상한 사건에 관하여 말했다.

10. We had a _____ time in Taiwan.
    우리는 대만에서 특별한 시간을 보냈습니다.

Self Test : 뜻을 아는 단어에 ☑ 표시하세요.

□ 1. **must**
He *must* be a very honest man.

□ 2. **move**
Move this table behind the door.

□ 3. **research**
research on history / space

□ 4. **area**
This *area* is new to me.

□ 5. **society**
School is also a small *society*.

□ 6. **activity**
I join a sport *activity* regularly.

□ 7. **tight**
Money is *tight*.

□ 8. **wild**
walk through the *wild* jungle

□ 9. **gross**
the *gross* (area / margin)

□ 10. **natural**
His speech was *natural*.

Learn : 모르는 단어 위주로 학습하세요

1. **must** [məst] [머ㅅ트]

조…해야 한다, …임에 틀림없다.

You *must* not enter the room.
이 방에 들어가면 안 **됩니다.**

2. **move** [muːv] [무우브]

동움직이다, 옮기다 명조치, 이동

move into a new home
새 집으로 **이사를 가다**

3. **research** [risə́ːrʧ] [리**쎄**~치]]

명동연구, 조사(하다)

Let's *research* a market.
시장을 **조사해** 봅시다.

4. **area** [ɛ́əriə] [에어리어~]

명지역, 구역

Jeju is a popular *area* for tourists.
제주도는 관광객들에게 인기있는 **지역**이다.

5. **society** [səsáiəti] [써**싸**이어티]

명사회

take a first step into *society*
사회에 첫 발을 내딛다.

6. activity [æktívəti] [액티버티]

형활동, 행위

What *leisure *activity* do you like?
어떤 *레저(여가)활동을 좋아하십니까?

7. tight [tait] [타잍트]

형꽉끼는, 팽팽한

These pants are too *tight*.
바지가 너무 **꽉 껴요**.

8. wild [waild] [와일드]

형야생의, 격렬한

I've never seen *wild* animals.
야생동물은 한 번도 본 적 없습니다.

9. gross [grous] [그로(우)쓰]

형총체의, 역겨운 동수익을 올리다

How much is the *gross* income?
총 수입액이 얼마죠?

10. natural [nǽʧərəl] [네처럴]

형자연의, 타고난

Gold is a *natural* product.
금은 **자연**의 생산물입니다.

✎ Self Evaluation : 빈칸에 알맞은 단어를 쓰세요.

1. He [＿＿＿＿＿] be a very honest man.
   그는 분명히 매우 정직한 사람일 것이다.

2. [＿＿＿＿＿] this table behind the door.
   이 테이블을 문 뒤로 옮기세요.

3. [＿＿＿＿＿] on history / space
   역사/우주에 관한 연구

4. This [＿＿＿＿＿] is new to me.
   이 지역은 나에게 생소하다.

5. School is also a small [＿＿＿＿＿].
   학교는 하나의 작은 사회이다.

6. I join a sport [＿＿＿＿＿] regularly.
   스포츠 활동에 규칙적으로 참여하고 있다.

7. Money is [＿＿＿＿＿].
   돈이 빠듯하다

8. walk through the [＿＿＿＿＿] jungle
   야생 밀림 속을 걷다

9. the [＿＿＿＿＿] (area / margin)
   총 면적/마진(이윤)

10. His speech was [＿＿＿＿＿].
    그의 연설은 자연스러웠다.

Self Test : 뜻을 아는 단어에 ☑ 표시하세요.

□ 1. **pay**
I will *pay* the bill.

□ 2. **remember**
Remember to lock the door.

□ 3. **sport**
The game is on the *sport*s channel.

□ 4. **fun**
I had *fun* during my stay.

□ 5. **house**
Please stop by my *house* sometime.

□ 6. **industry**
The fashion *industry* has grown lately.

□ 7. **media**
advertising through Internet *media*

□ 8. **physical**
take *physical* education(P.E.) class

□ 9. **ill**
Don't speak *ill* of him.

□ 10. **honest**
I want your *honest* opinion.

Day
40

Learn : 모르는 단어 위주로 학습하세요

1. **pay** [pei] [페이]

동지불하다, 대가를 치르다 명보수

I *paid* 200 dollars for a ticket.
표를 구입하는 데 200달러를 **지불했습니다.**

2. **remember** [rimémbər] [리멤버~]

동기억하다

I still *remember* that song.
난 아직도 그 노래를 기억하고 있어요.

3. **sport** [spɔːrt] [ㅅ포~ㅌ]

명운동경기

Do you like to watch *sport*s?
운동 경기 보는 것을 좋아하십니까?

4. **fun** [fʌn] [펀]

명즐거움, 재미 형즐거운, 재미있는

It sounds like *fun*.
정말 즐거울 것 같습니다.

5. **house** [haus] [하우쓰]

명집

I have to fix up my *house*.
집을 수선해야 한다.

6. industry [índəstri] [인더스트리]

명산업

I'm working in the art *industry*.
예술 **산업** 분야에서 일하고 있습니다.

7. media [míːdiə] [미디어]

명매체

TV *media* has a powerful effect.
TV **매체**는 강력한 효과가 있다.

8. physical [fízikəl] [피지클]

형육체의, 물질의

take a *physical* exam
신체검사를 받다.

9. ill [il] [일ㄹ]

형아픈, 유해한 명문제, 병

He seems to be *ill*.
그가 **아픈** 것 같다.

10. honest [ánist] [아니ㅅㅌ]

형정직한, 솔직한

He lived an *honest* life.
그는 **정직한** 삶을 살았다.

Self Evaluation : 빈칸에 알맞은 단어를 쓰세요.

1. I will ⬚ the bill.
   제가 **계산**하겠습니다.

2. ⬚ to lock the door.
   잊지 말고 문을 꼭 잠그세요.

3. The game is on the ⬚ s channel.
   경기가 **스포츠** 채널에서 방송 중이다.

4. I had ⬚ during my stay.
   머무는 동안 **즐거웠습니다.**

5. Please stop by my ⬚ sometime.
   우리 **집**에 한 번 들르세요.

6. The fashion ⬚ has grown *lately.
   *최근 패션 **산업**이 성장했다.

7. advertising through Internet ⬚
   인터넷 **매체**를 이용한 광고

8. take ⬚ education(P.E.) class
   체육 수업을 받다.

9. Don't speak ⬚ of him.
   그를 **나쁘게** 말하지 마십시오. (험담하지 마십시오)

10. I want your ⬚ opinion.
    당신의 **솔직한** 의견을 원합니다.

☀ Self Evaluation : 뜻을 아는 단어에 ☑ 표시하세요.

☐ 1 try	☐ 18 nearby	☐ 35 society
☐ 2 check	☐ 19 personal	☐ 36 activity
☐ 3 train	☐ 20 proud	☐ 37 tight
☐ 4 amount	☐ 21 let	☐ 38 wild
☐ 5 school	☐ 22 call	☐ 39 gross
☐ 6 story	☐ 23 sense	☐ 40 natural
☐ 7 previous	☐ 24 service	☐ 41 pay
☐ 8 smooth	☐ 25 rest	☐ 42 remember
☐ 9 major	☐ 26 boss	☐ 43 sport
☐ 10 thick	☐ 27 national	☐ 44 fun
☐ 11 pretend	☐ 28 loud	☐ 45 house
☐ 12 show	☐ 29 strange	☐ 46 industry
☐ 13 level	☐ 30 super	☐ 47 media
☐ 14 order	☐ 31 must	☐ 48 physical
☐ 15 piece	☐ 32 move	☐ 49 ill
☐ 16 practice	☐ 33 research	☐ 50 honest
☐ 17 current	☐ 34 area	

배운 단어를 얼마나 기억하세요? 정답은 218page 참조
- 맞은 갯수 30개 이하: 수고하셨어요. 한 번만 더 복습^^
- 맞은 갯수 30개 이상: OK! 어려운 단어 복습
- 맞은 갯수 40개 이상: Very Good!!

🔑 Self Evaluation : 빈칸을 채워 보세요.

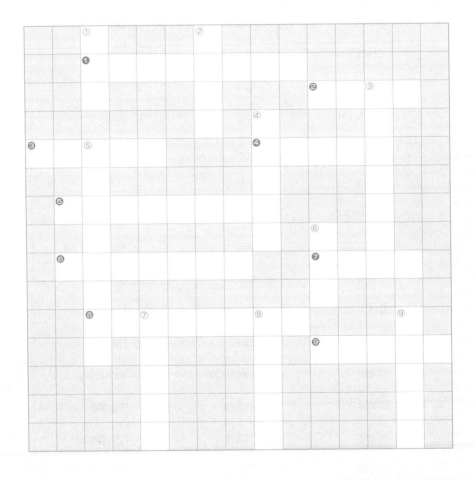

🔑 [세로열쇠]

① Just [＿＿＿] your best. *D36*

② I'll [＿＿＿] back later. *D38*

③ Do you hear the [＿＿＿] sound? *D38*

④ I have to fix up my [＿＿＿]. *D40*

⑤ [＿＿＿] data will not be open. *D37*

⑥ I will [＿＿＿] the bill. *D40*

⑦ The [＿＿＿] comes every 2 hours. *D36*

⑧ These pants are too [＿＿＿]. *D39*

⑨ a [＿＿＿] of [duty/taste] *D38*

🔑 [가로열쇠]

❶ Let's [＿＿＿] a market. *D39*

❷ You [＿＿＿] not enter the room. *D39*

❸ It's a [＿＿＿]-sized computer. *D38*

❹ May I take your [＿＿＿]? *D37*

❺ It's done by the [＿＿＿] manager. *D36*

❻ take a first step into [＿＿＿] *D39*

❼ Jeju is a popular [＿＿＿] for tourists. *D39*

❽ What leisure [＿＿＿] do you like? *D39*

❾ It's the book of your [＿＿＿]. *D37*

Self Evaluation : 뜻 해석

1 노력하다	18 인근의	35 사회
2 확인[점검]하다	19 개인의	36 활동, 행위
3 훈련[교육]하다	20 자랑스러운	37 꽉끼는, 팽팽한
4 총액, 양	21 허락하다, …하자	38 야생의, 격렬한
5 학교	22 부르다, 전화를 걸다	39 총체의
6 이야기	23 감각	40 자연의, 타고난
7 이전의, 바로 앞의	24 (봉사, 정비)하다	41 지불하다
8 매끈한, 순조로운	25 쉬다, 휴식, 나머지	42 기억하다
9 주요한, 전공의	26 상사	43 운동경기
10 두꺼운	27 국가의	44 즐거움, 재미
11 …인 척하다	28 시끄러운	45 집
12 보여주다	29 이상한, 낯선	46 산업
13 정도, 수준	30 대단한	47 매체
14 주문[명령]하다	31 …해야 한다, 틀림없다	48 육체의
15 조각	32 움직이다, 옮기다	49 아픈, 유해한
16 (실행, 연습)하다	33 연구, 조사(하다)	50 정직한
17 현재의	34 지역, 구역	

왕초보 탈출 영단어 **ABC**

왕초보 탈출
영단어

Level 1

*Day

41 ~ **45**

1 man	11 allow	21 bring	31 deal	41 search
2 cause	12 building	22 cash	32 improve	42 return
3 coast	13 excuse	23 mouse	33 tax	43 paper
4 security	14 record	24 class	34 movie	44 news
5 age	15 result	25 period	35 organization	45 space
6 boat	16 section	26 side	36 equipment	46 almost
7 generally	17 future	27 store	37 physics	47 especially
8 instead	18 supply	28 exam	38 analysis	48 already
9 cold	19 simply	29 together	39 again	49 below
10 early	20 likely	30 commercial	40 moral	50 ready

Self Test : 뜻을 아는 단어에 ☑ 표시하세요.

□ 1. **man**
He is a reliable *man*.

□ 2. **cause**
The *cause* is unknown.

□ 3. **coast**
It's located on the eastern *coast*.

□ 4. **security**
Security comes first.

□ 5. **age**
You look young for your *age*.

□ 6. **boat**
cross the river in a *boat*

□ 7. **generally**
I *generally* take the subway to work.

□ 8. **instead**
Use this cream *instead* of soap.

□ 9. **cold**
Did you get over your *cold*?

□ 10. **early**
These are Picasso's *early* works.

Learn : 모르는 단어 위주로 학습하세요

1. **man** [mæn] [맨]

명 남자, 인류, 인간

Clothes make the *man*.
옷이 **사람**을 만든다. (옷이 날개이다)

2. **cause** [kɔːz] [코오즈]

명 원인, 이유 동 …을 야기하다

I'm trying to find the *cause*.
나는 **원인**을 밝히려고 노력하고 있다.

3. **coast** [koust] [코우ㅅ트]

명 해안

The *coast* road is wide.
해안 도로가 넓다.

4. **security** [sikjúərəti] [씨큐~러티]

명 안전, 보안

We need a worker for *security*.
보안을 위한 직원이 필요합니다.

5. **age** [eidʒ] [에이쥬]

명 나이, 시대 동 나이가 들다

I'm 26 years old in Korean *age*.
한국 **나이**로 26살입니다.

6. **boat** [bout] [보욷ㅌ]

명(작은)배

They are riding a **boat**.
그들은 **보트**를 타고 있다.

7. **generally** [dʒénərəli] [제느~럴리]

부대개, 보통

Generally, I work 8 hours a day.
보통 하루에 8시간 일합니다.

8. **instead** [instéd] [인ㅅ테드]

부대신에

Instead, I will take yours.
대신에 당신 것을 가져갈게요.

9. **cold** [kould] [코울드]

형추운, 차가운 명감기

*Dip it in **cold** water.
찬 물에 *담그십시오.

10. **early** [ə́:rli] [어~얼리]

형초기의, 일찍

Go to bed **early**.
일찍 자렴.

✏️ Self Evaluation : 빈칸에 알맞은 단어를 쓰세요.

1. He is a *reliable [ ] .
   그는 *믿음직한 남자이다.

2. The [ ] is unknown.
   그 원인은 알려지지 않고 있다.

3. It's *located on the eastern [ ] .
   그것은 동쪽 해안에 *위치하고 있다.

4. [ ] comes first.
   안전이 첫째입니다.

5. You look young for your [ ] .
   당신은 나이보다 젊어 보입니다.

6. cross the river in a [ ]
   보트를 타고 강을 건너다.

7. I [ ] take the subway to work.
   나는 대개 지하철을 타고 출근한다.

8. Use this cream [ ] of soap.
   비누 대신 이 크림을 사용하세요.

9. Did you *get over your [ ] ?
   감기 다 나았습니까?

   ✎ *get over
   : 회복하다

10. These are Picasso's [ ] works.
    피카소의 초기 작품들이다.

Self Test : 뜻을 아는 단어에 ☑ 표시하세요.

☐ 1. **allow**
Please *allow* me plenty of time.

☐ 2. **building**
There is no elevator in this *building*.

☐ 3. **excuse**
Don't give me any *excuse*s.

☐ 4. **record**
keep a *record* of (sales)

☐ 5. **result**
The *result* of the exam is bad.

☐ 6. **section**
I'd like the non-smoking *section*.

☐ 7. **future**
I always think about my *future*.

☐ 8. **supply**
Promise me a stable energy *supply*.

☐ 9. **simply**
Please explain it *simply*!

☐ 10. **likely**
It's a *likely* reason/story.

Learn : 모르는 단어 위주로 학습하세요

1. **allow** [əláu] [얼라우]

> 통허락하다
>
> Bike isn't allowed.
> 자전거는 **허락되지** 않습니다.

2. **building** [bíldiŋ] [빌딩]

> 명건물, 건축
>
> I just got out of the *building*.
> 건물에서 막 나왔습니다.

3. **excuse** 명[ikskjú:s][익쓰큐스] 통[ikskjú:z][익쓰큐즈]

> 명변명, 이유 통용서하다
>
> Please *excuse* me a moment.
> 잠시만 실례하겠습니다. (양해하여 주십시오)

4. **record** 명[rékərd][레커~드] 통[rikɔ́:rd][리코~드]

> 명기록, 음반 통기록하다, 녹음하다
>
> set up a new *record* in swimming
> 수영에서 신기록을 새우다

5. **result** [rizʌlt] [리저얼트]

> 명결과 통결과가 되다
>
> I expect a good *result*.
> 나는 좋은 결과를 기대하고 있다.

Day
42

6. section [sékʃən] [쎅션]

명 부분, 구역, 과

Which way is the stationery *section*?
문구매장이 어느 쪽입니까?

7. future [fjúːʧər] [퓨우처~]

명 형 미래[의]

plan for the *future*
미래를 계획하다. (훗날을 도모하다)

8. supply [səplái] [써플라이]

명 공급[량], 보급품 동 공급[제공]하다

We *supply* clean water for them.
우리는 그들에게 깨끗한 물을 공급한다.

9. simply [símpli] [씸플리]

부 간단히, 요약하면

Let me tell you *simply*.
간단히 말씀드리지요.

10. likely [láikli] [ㄹ라이클리]

형 …할 것 같은, 그럴듯한

It's *likely* to clear up.
날이 개일 것 같아요.

Self Evaluation : 빈칸에 알맞은 단어를 쓰세요.

1. Please _____ me plenty of time.
   충분한 시간을 **허락해** 주십시오.

2. There is no elevator in this _____.
   이 **건물**에는 엘리베이터가 없다.

3. Don't give me any _____s.
   어떤 **변명**도 하지 마세요.

4. keep a _____ of (sales)
   (판매)실적을 계속 **기록**하다.

5. The _____ of the exam is bad.
   시험 **결과**가 나쁘다.

6. I'd like the non-smoking _____.
   금연 **구역**으로 원합니다.

7. I always think about my _____.
   나는 항상 나의 **미래**를 생각한다.

8. Promise me a *stable energy _____.
   충분한 *안정적인 에너지 **공급**에 관하여 약속해 주십시오.

9. Please explain it _____!
   간단하게 설명해 주십시오!

10. It's a _____ reason/story.
    그럴듯한 이유/이야기이다.

Self Test : 뜻을 아는 단어에 ☑ 표시하세요.

- [ ] 1. **bring**
  Please *bring* a plastic bag.

- [ ] 2. **cash**
  Could you *cash* a check?

- [ ] 3. **mouse**
  set a *mouse* trap

- [ ] 4. **class**
  Jane was absent from *class*.

- [ ] 5. **period**
  I'll study about the Roman *period*.

- [ ] 6. **side**
  Use the back *side* of the paper.

- [ ] 7. **store**
  What are the *store*'s hours?

- [ ] 8. **exam**
  have(take) regular *exam*s

- [ ] 9. **together**
  We had fun *together* at Jim's house.

- [ ] 10. **commercial**
  a thirty second TV *commercial*

Learn : 모르는 단어 위주로 학습하세요

1. **bring** [briŋ] [브링]

⟮동⟯가져(데려)오다, 야기하다

They *brought her to me.　*bring의 과거
그들은 그녀를 내게로 **데리고 왔다**.

2. **cash** [kæʃ] [캐쉬]

⟮명⟯현금(으로 바꾸다)

Are you going to pay in *cash*?
현금으로 계산하실 거죠?

3. **mouse** [maus] [마우쓰]

⟮명⟯쥐, (컴퓨터)마우스

Click the left *mouse* button.
마우스의 왼쪽을 클릭하세요.

4. **class** [klæs] [클래쓰]

⟮명⟯수업, 계층

She is very (active/shy) in *class*.
그녀는 **수업 시간**에 매우 (능동적/소극적)이다.

5. **period** [píːəriəd] [피~리어드]

⟮명⟯기간, 시대 ⟮형⟯시대의

This week is the exam *period*.
이번 주는 시험 **기간**이다.

6. **side** [said] [싸이드]

　명편, 면, 쪽

　I'm on your *side*.
　나는 네 편이야.

7. **store** [stɔːr] [ㅅ토오~]

　명가게 동저장하다

　go to the (grocery/department) *store*
　(식품점/백화점)에 가다.

8. **exam** [igzǽm] [이ㄱ잼] (=examination)

　명시험

　Did she do well in the *exam*?
　그녀가 시험을 잘 보았습니까?

9. **together** [təgéðər] [터게더~]

　부함께

　(cook / walk) *together*
　함께 (요리하다/걷다).

10. **commercial** [kəmə́ːrʃəl] [커머~셜]

　형상업의, 민간의 명광고

　a *commercial* (city/building)
　상업 도시 /상업용 건물

✏ Self Evaluation : 빈칸에 알맞은 단어를 쓰세요.

1. Please _____ a *plastic bag.
   비닐 주머니를 가져오십시오.

   ✎ *plastic
   : '비닐'을 뜻함.

2. Could you _____ a *check?
   *수표를 현금으로 바꾸어 주시겠습니까?

3. set a _____ trap
   쥐덫을 놓다.

4. Jane was absent from _____.
   제인은 수업 시간에 결석을 했다.

5. I'll study about the Roman _____.
   나는 로마 시대를 공부할 거예요.

6. Use the back _____ of the paper.
   용지의 뒷면을 사용하세요.

7. What are the _____ 's hours?
   상점의 영업시간이 어떻게 됩니까?

8. have(take) regular _____ s
   정기적으로 시험을 보다.

9. We had fun _____ at Jim's house.
   우리는 짐의 집에서 함께 즐거운 시간을 보냈다.

10. a thirty second TV _____
    30초 짜리 TV 광고

👉 Self Test : 뜻을 아는 단어에 ☑ 표시하세요.

□ 1. **deal**
How can I *deal* with this problem?

□ 2. **improve**
My English/health is *improv*ing.

□ 3. **tax**
Do you sell *tax*-free items?

□ 4. **movie**
The *movie* theater is around here.

□ 5. **organization**
join/leave an *organization*

□ 6. **equipment**
Don't touch the electronic *equipment*.

□ 7. **physics**
take a course of *physics*

□ 8. **analysis**
How about a self *analysis*?

□ 9. **again**
It's good to see you *again*.

□ 10. **moral**
We have *moral* responsibility.

Learn : 모르는 단어 위주로 학습하세요

1. deal [diːl] [디일]

동다루다, 대처하다 명거래, 취급, 대우

He *deal*s with the medical news.
그는 의학 소식을 **다루고** 있습니다.

2. improve [imprúːv] [임푸루(우)브]

동나아지다

Her painting skills have *improve*d.
그녀의 그림 실력이 **향상되었다**.

3. tax [tæks] [텍쓰]

명동세금(을 부과하다)

It's 20 dollars (with / plus) *tax*.
세금 (포함해서/별도로) 20달러이다.

4. movie [múːvi] [무비]

명영화

Let's go to see a *movie*.
영화 보러 갑시다.

5. organization [ɔ̀rgən-izéiʃən] [오~거니제이션]

명조직, 단체

form the sales *organization*
영업 조직을 구성하다

6. **equipment** [ikwípmənt] [이퀖먼ㅌ]

> 명장비
>
> Did you *pack the *equipment*?
> **장비** 챙겼습니까?　*포장하다,챙기다

7. **physics** [fíziks] [피직쓰]

> 명물리학
>
> My son is excellent at *physics*.
> 우리 아들은 **물리학**에 소질이 있습니다.

8. **analysis** [ənǽləsis] [어낼러시쓰]

> 명분석
>
> We need an *accurate *analysis*.
> 우리는 *정확한 **분석**이 필요합니다.

9. **again** [əgén] [어겐]

> 부다시
>
> Please try *again*!
> **다시** 해보세요!

10. **moral** [mɔ́:rəl] [모럴]

> 형도덕의, 교훈적인　명교훈
>
> a *moral* standard/rule
> 도덕적 규범/규율

Self Evaluation : 빈칸에 알맞은 단어를 쓰세요.

1. How can I [＿＿＿＿＿] with this problem?
   이 문제를 어떻게 **다루어야** 할까요?

2. My English/health is [＿＿＿＿＿]ing.
   나의 영어실력/건강이 **나아지고** 있다.

3. Do you sell *[＿＿＿＿＿]-free items?
   *면세 상품을 판매하고 있습니까?

4. The [＿＿＿＿＿] theater is around here.
   영화관이 이 근처에 있어요.

5. join/leave an [＿＿＿＿＿]
   단체(에 가입하다/에서 탈퇴하다)

6. Don't touch the electronic [＿＿＿＿＿].
   전자 **장비**를 만지지 마세요.

7. take a course of [＿＿＿＿＿]
   물리학 과목을 수강하다

8. How about a *self [＿＿＿＿＿]?
   *자체 분석을 해보는 것이 어떨까요?

9. It's good to see you [＿＿＿＿＿].
   당신을 다시 만나게 되어 기뻐요.

10. We have [＿＿＿＿＿] responsibility.
    우리에게 **도의적** 책임이 있다.

Self Test : 뜻을 아는 단어에 ☑ 표시하세요.

□ 1. **search**
   search the web for information

□ 2. **return**
   The mail *return*ed.

□ 3. **paper**
   It is made of recycled *paper*.

□ 4. **news**
   I was surprised at the *news*.

□ 5. **space**
   There's no *space* for parking.

□ 6. **almost**
   It's *almost* done.

□ 7. **especially**
   This scene is *especially* impressive.

□ 8. **already**
   The bus has *already* passed the zoo.

□ 9. **below**
   It's 5 degrees *below* zero(=0).

□ 10. **ready**
   I'm not *ready* to get married.

Learn : 모르는 단어 위주로 학습하세요

1. **search** [səːrʧ] [써~치]

동명찾다, 수색(하다)

search (my bag /*for my bag)
가방을 **뒤지다** / *없어진 가방을 **찾다** *의미 차이에 유의!

2. **return** [ritə́ːrn] [리터~언]

동돌아오다, 돌려주다

When should I *return* the mat?
돗자리를 언제 **돌려**드릴까요?

3. **paper** [péipər] [페이퍼~]

명종이, 신문 *papers:서류

Please put your name on the *paper*.
종이 위에 이름을 적어 주세요.

4. **news** [njuːz] [뉴우ㅈ]

명소식

Here is good *news* for you.
당신에게 좋은 **소식**이 있습니다.

5. **space** [speis] [ㅅ페이쓰]

명공간, 우주 동간격을 두다

We have no more *space*.
더 이상 여유 **공간**이 없습니다.

6. **almost** [ɔ́ːlmoust] [올모우스트]

부 거의, …할 뻔하다

We *almost* arrived.
우리 **거의** 도착했어요.

7. **especially** [ispéʃəli] [이스페셜리]

부 특별히, 유난히

I *bought it *especially* for you.
당신을 위해 **특별히** 산 것입니다. 'buy의 과거

8. **already** [ɔːlrédi] [올레디]

부 이미

Time is up *already*.
시간이 **벌써** 다 되었다.

9. **below** [bilóu] [빌로우]

전부 아래에, 아래로

The answers are written *below*.
정답은 **아래에** 쓰여 있다.

10. **ready** [rédi] [레디]

형 준비가 된 동 준비 시키다

Are you *ready* to move out?
이사 갈 **준비**가 되었습니까?

Self Evaluation : 빈칸에 알맞은 단어를 쓰세요.

1. _____ the web for information
   정보를 찾아 웹사이트를 검색하다.

2. The mail _____ ed.
   우편물이 반송되어 돌아왔다.

3. It is made of *recycled _____ .
   *재활용 종이로 만든 것입니다.

4. I was *surprised at the _____ .
   소식을 듣고 *깜짝 놀랐다.

5. There's no _____ for parking.
   주차 공간이 없습니다.

6. It's _____ done.
   거의 다 됐습니다.

7. This scene is _____ *impressive.
   이 장면이 특히 *인상적이네요.

8. The bus has _____ passed the zoo.
   버스가 벌써 동물원을 지났다.

9. It's 5 degrees _____ zero(=0).
   기온이 영하 5도이다.

10. I'm not _____ to *get married.
    저는 결혼할 준비가 안 되어 있습니다.

    *get married
    : 결혼하다

Self Evaluation : 뜻을 아는 단어에 ☑ 표시하세요.

☐ 1	man	☐ 18	supply	☐ 35	organization
☐ 2	cause	☐ 19	simply	☐ 36	equipment
☐ 3	coast	☐ 20	likely	☐ 37	physics
☐ 4	security	☐ 21	bring	☐ 38	analysis
☐ 5	age	☐ 22	cash	☐ 39	again
☐ 6	boat	☐ 23	mouse	☐ 40	moral
☐ 7	generally	☐ 24	class	☐ 41	search
☐ 8	instead	☐ 25	period	☐ 42	return
☐ 9	cold	☐ 26	side	☐ 43	paper
☐ 10	early	☐ 27	store	☐ 44	news
☐ 11	allow	☐ 28	exam	☐ 45	space
☐ 12	building	☐ 29	together	☐ 46	almost
☐ 13	excuse	☐ 30	commercial	☐ 47	especially
☐ 14	record	☐ 31	deal	☐ 48	already
☐ 15	result	☐ 32	improve	☐ 49	below
☐ 16	section	☐ 33	tax	☐ 50	ready
☐ 17	future	☐ 34	movie		

Review
9

배운 단어를 얼마나 기억하세요? 정답은 244page 참조
• 맞은 갯수 30개 이하: 수고하셨어요. 한 번만 더 복습^^
• 맞은 갯수 30개 이상: OK! 어려운 단어 복습
• 맞은 갯수 40개 이상: Very Good!!

Self Evaluation : 빈칸을 채워 보세요.

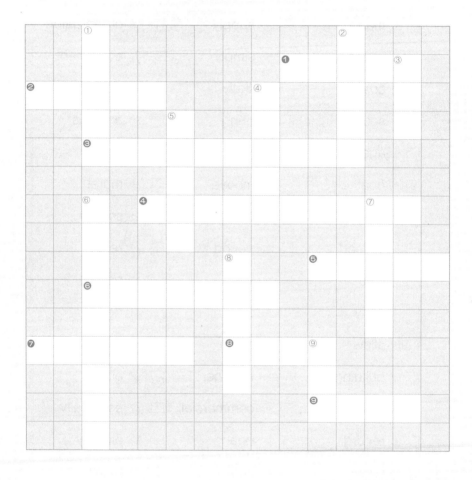

🔑 [세로열쇠]

① I'm trying to find the _____ . *D41*

② Go to bed _____ . *D41*

③ It's 20 dollars (with/plus) _____ . *D44*

④ We have no more _____ . *D45*

⑤ The answers are written _____ . *D45*

⑥ Did you pack the _____ ? *D44*

⑦ Please try _____ . *D44*

⑧ Please put your name on the _____ . *D45*

⑨ Clothes make the _____ . *D41*

🗝 [가로열쇠]

❶ The _____ road is wide. *D41*

❷ Click the left _____ button. *D43*

❸ I bought it _____ for you. *D45*

❹ a thirty second TV _____ *D43*

❺ She is very active in _____ . *D43*

❻ _____ , I will take yours. *D41*

❼ Let me tell you _____ . *D42*

❽ Did she do well on the _____ ? *D43*

❾ Here is good _____ for you. *D45*

Self Evaluation : 뜻 해석

1	남자, 인류	18	공급(하다), 보급품	35	조직, 단체
2	원인, 이유	19	간단히, 요약하면	36	장비
3	해안	20	할 것 같은	37	물리학
4	안전, 보안	21	가져오다, 야기하다	38	분석
5	나이, 시대	22	현금	39	다시
6	(작은)배	23	쥐, (컴퓨터)마우스	40	도덕의, 교훈
7	대개, 보통	24	수업, 계층	41	찾다, 수색
8	대신에	25	기간, 시대	42	돌아오다, 돌려주다
9	추운, 차가운, 감기	26	편, 면, 쪽	43	종이, 신문
10	초기의, 일찍	27	가게	44	소식
11	허락하다	28	시험	45	공간
12	건물, 건축	29	함께	46	거의
13	변명, 용서하다	30	상업의, 광고	47	특별히, 유난히
14	기록(하다), 음반	31	다루다, 거래	48	이미, 벌써
15	결과	32	나아지다	49	아래에, 아래로
16	부분, 구역, 과	33	세금(을 부과하다)	50	준비가 된
17	미래(의)	34	영화		

왕초보 탈출 영단어 **ABC**

왕초보 탈출
영단어 Level 1

*Day
46 ~ 50

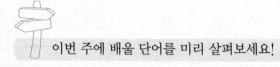
1 spend	11 cost	21 complicate	31 maintain	41 purchase
2 camera	12 reserve	22 remove	32 exist	42 rent
3 month	13 chance	23 model	33 note	43 young
4 bank	14 stock	24 source	34 object	44 weather
5 subject	15 figure	25 design	35 policy	45 rule
6 probably	16 series	26 birth	36 army	46 environment
7 quickly	17 certain	27 basis	37 thus	47 instance
8 worth	18 therefore	28 else	38 certainly	48 inside
9 perfect	19 easily	29 exactly	39 necessary	49 free
10 throughout	20 although	30 separate	40 warm	50 present

Self Test : 뜻을 아는 단어에 ☑ 표시하세요.

☐ 1. **spend**
I *spend* much time counseling.

☐ 2. **camera**
Does this *camera* work well?

☐ 3. **month**
It'll take a *month* and a half.

☐ 4. **bank**
I got a *bank* loan.

☐ 5. **subject**
What's the *subject* of the seminar?

☐ 6. **probably**
It will *probably* rain tomorrow.

☐ 7. **quickly**
How can I get there *quickly*?

☐ 8. **worth**
This place is *worth* visiting.

☐ 9. **perfect**
They are a *perfect* couple.

☐ 10. **throughout**
It was used *throughout* the country.

Day
46

Learn : 모르는 단어 위주로 학습하세요

1. spend [spend] [ㅅ펜드]

동(돈을)쓰다, (시간을)보내다

I *spent* 50 dollars on gifts.
선물을 사는 데 50달러를 사용했다.

2. camera [kǽmərə] [캐머러]

명카메라

Take a picture with a *camera*.
카메라로 사진을 찍다.

3. month [mʌnθ] [먼ㅆ]

명달[개월]

pay by the *month* / the week
월 단위로/주 단위로 지급하다

4. bank [bæŋk] [뱅ㅋ]

명은행, 둑 동예금거래하다

get money out of the *bank*
은행에서 돈을 찾다.

5. subject [sʌ́bdʒikt][썹직ㅌ]

명주제, 과목, 대상 형···될[당할]수 있는

I'm taking major *subject*s.
주요 과목들을 수강 중이다.

6. **probably** [prábəbli] [프라버블리]

[부]아마

The *rumor is *probably* true.
그 *소문은 **아마** 진실일 것이다.

7. **quickly** [kwíkli] [퀵클리]

[부]빠르게

Can you finish it *quickly*?
빨리 끝낼 수 있습니까?

8. **worth** [wəːrθ] [워~쓰]

[형]가치가 있는 [명]가치, 값어치

It isn't *worth* the time.
시간을 들일 **가치**가 없다.

9. **perfect** [pə́ːrfikt] [퍼~픽ㅌ]

[형]완벽한

It was a *perfect* game.
완벽한 경기였습니다!

10. **throughout** [θruːáut] [쓰루아우ㅌ]

[전]도처에, 내내

She was quiet *throughout* the meal.
그녀는 식사시간 **내내** 조용했다

✏ **Self Evaluation** : 빈칸에 알맞은 단어를 쓰세요.

1. I _____ much time counseling.
   나는 상담하면서 많은 시간을 **보낸다**.

2. Does this _____ work well?
   이 **카메라** 작동 잘 됩니까?

3. It'll take a _____ and a half.
   한 **달** 반 정도 걸릴 것이다.

4. I got a _____ *loan.
   은행에서 *대출을 받았다.

5. What's the _____ of the seminar?
   세미나의 **주제**가 무엇입니까?

6. It will _____ rain tomorrow.
   아마도, 내일 비가 올 것 같습니다.

7. How can I get there _____ ?
   그곳에 어떻게 **빨리** 갈 수 있을까요?

8. This place is _____ visiting.
   이곳은 가 볼만한 **가치가 있어요**.

9. They are a _____ couple.
   그들은 **완벽한** 커플입니다.

10. It was used _____ the country.
    그것은 전국 **도처에서** 사용되었다.

☞ Self Test : 뜻을 아는 단어에 ☑ 표시하세요.

□ 1. **cost**
They *cost* me $50 altogether.

□ 2. **reserve**
Please *reserve* two round tickets.

□ 3. **chance**
the *chance* for a new start

□ 4. **stock**
invest in the *stock* market

□ 5. **figure**
The *figure* is shocking.

□ 6. **series**
This drama is an 8-episode *series*.

□ 7. **certain**
The news is about *certain* drinks.

□ 8. **therefore**
Therefore, we will follow his idea.

□ 9. **easily**
This printer gets *easily* broken.

□ 10. **although**
Although it's difficult, I'll try it.

Day
47

📖 **Learn** : 모르는 단어 위주로 학습하세요

1. **cost** [kɔːst] [코스트]

명가격, 비용 동비용이 들다

Let's try to cut *cost*.
비용을 줄이도록 노력해 봅시다.

2. **reserve** [rizə́ːrv] [리저~브]

동예약하다

I'll go first to *reserve* seats.
먼저 가서 자리를 예약하겠습니다.

3. **chance** [ʧæns] [챈쓰]

명기회 동우연히 발생하다

It's our only *chance*.
이번이 우리의 유일한 기회입니다.

4. **stock** [stak] [스탁]

명재고품, 주식 동채우다

The shoes are out of *stock*.
신발이 재고가 없다.

5. **figure** [fígjər] [피규(어)~]

명수치, 모습, 인물 동이해(계산)하다

I can't *figure* out why.
왜 그런지 이해할 수 없다.

6. **series** [síəri:z] [씨(어)리이즈]

⟦명⟧일련, 연작물

There's a *series* of four interviews.
연속해서 네 번의 인터뷰가 있습니다.

7. **certain** [sə́:rtn] [써~튼]

⟦형⟧확실한, 특정한

He looks *certain* to win.
그는 분명히 승리할 것입니다.

8. **therefore** [ðɛ́ərfɔ̀:r] [데어~포~]

⟦부⟧그러므로

Therefore, don't take it *seriously.
그러므로, *심각하게 받아들이지 마십시오.

9. **easily** [í:zili] [이즐리]

⟦부⟧쉽게, 수월하게

The *suitcase doesn't open *easily*.
*여행 가방(트렁크)이 쉽게 안 열린다.

10. **although** [ɔ:lðóu] [올도우]

⟦접⟧(비록)…이긴 하지만

Although it's simple, it *took time.
간단하지만, 시간이 걸렸다. 'take'의 과거

Day 47

✎ **Self Evaluation** : 빈칸에 알맞은 단어를 쓰세요.

1. They ☐ me $50 altogether.
   다 합해서 50달러의 **비용이** 들었다.

2. Please ☐ two *round tickets.
   *왕복 차표 두 장 **예약해** 주십시오.

3. the ☐ for a new start
   새롭게 시작할 수 있는 **기회**

4. invest in the ☐ market
   주식 시장에 투자하다.

5. The ☐ is shocking.
   충격적인 **수치**입니다.

6. This drama is an 8-episode ☐ .
   이 드라마는 8부작(에피소드) **시리즈**이다.

7. The news is about ☐ drinks.
   이 뉴스는 **특정** 음료에 관한 것이다.

8. ☐ , we will follow his idea.
   그러므로, 우리는 그의 생각을 따를 것입니다.

9. This printer gets ☐ *broken.
   이 인쇄기는 잘(쉽게) *망가진다.

10. ☐ it's difficult, I'll try it.
    어렵긴 **하지만**, 노력해 보겠습니다.

👉 **Self Test** : 뜻을 아는 단어에 ☑ 표시하세요.

☐ 1. **complicate**

It may *complicate* the situation.

☐ 2. **remove**

remove the skin of the apple

☐ 3. **model**

He's a *model* student in his class.

☐ 4. **source**

You can trust these *source*s.

☐ 5. **design**

the *design* of a building

☐ 6. **birth**

Enter the (date/place) of *birth*.

☐ 7. **basis**

What's the *basis* of the data?

Day 48

☐ 8. **else**

Who *else* is invited?

☐ 9. **exactly**

Give me *exactly* 5 minutes.

☐ 10. **separate**

I want a *separate* kitchen.

Learn : 모르는 단어 위주로 학습하세요

1. **complicate** [kámpləkèit] [캄플러케이트]

동복잡하게 만들다

a *complicat*ed [process / system]
복잡한 [과정 / 체계]

2. **remove** [rimúːv] [리무우브]

동치우다, 없애다

Please *remove* the bags on the floor.
바닥의 가방들을 **치워** 주십시오.

3. **model** [mádl] [마들]

명모형, 본보기 동모형을 만들다

It's a full sized *model*.
실물 크기의 **모형입니다**.

4. **source** [sɔːrs] [쏘오~쓰]

명근원, 자료

the *source* of [income / energy]
[수입/에너지]의 근원

5. **design** [dizáin] [디자인]

명디자인 동설계하다

I'd like simple interior *design*.
인테리어**디자인**(실내 장식)은 단순한 것으로 원합니다.

6. **birth** [bəːrθ] [버~쓰]

명출생, 시작

She was smart from *birth*.
그녀는 태어날 때부터 총명했다.

7. **basis** [béisis] [베이씨쓰]

명근거, 기반

He is paid on a *weekly *basis*.
그는 일주일 단위로 급여를 받는다.

 Tip!

[유용한 표현!] 시간+'ly'
• weekly 주 단위로
• daily 매일
• monthly 월 단위로

8. **else** [els] [엘쓰]

부그 밖의 다른

What *else* do you need?
또 어떤 것이 필요하세요?

9. **exactly** [igzǽktli] [이ㄱ젝틀리]

부정확히, 틀림없이

What do you do *exactly*?
정확히 어떤 일을 하십니까?

10. **separate** [sépərèit] [쎄퍼~레이트]

동분리하다(되다) 형분리된다

separate the data *in order
자료를 *순서대로 분리하다

✏️ **Self Evaluation** : 빈칸에 알맞은 단어를 쓰세요.

1. It may ⬚ the situation.
   이 일이 상황을 복잡하게 만들 수 있다.

2. ⬚ the *skin of the apple
   사과*껍질을 제거하다.

3. He's a ⬚ student in his class.
   그는 학급에서 좋은 **본보기**가 되고 있다. (모범생이다)

4. You can trust these ⬚s.
   이 **자료**들은 신뢰할 수 있습니다.

5. the ⬚ of a building
   건물의 설계도

6. Enter the (date/place) of ⬚ .
   출생(일을/장소를) 입력하십시오.

7. What's the ⬚ of the data?
   그 자료의 근거가 무엇입니까?

8. Who ⬚ is invited?
   이 **외에** 누가 초대되었습니까?

9. Give me ⬚ 5 minutes.
   정확히 5분만 주십시오.

10. I want a ⬚ kitchen.
    분리된 주방을 원합니다.

☞ Self Test : 뜻을 아는 단어에 ☑ 표시하세요.

☐ 1. **maintain**

maintain the top position

☐ 2. **exist**

Those problems don't *exist* any more.

☐ 3. **note**

A lady left a *note* for you.

☐ 4. **object**

I'm holding an *object* in my hands.

☐ 5. **policy**

We set up a strict *policy*.

☐ 6. **army**

He'll join the *army* soon.

☐ 7. **thus**

Thus, I insist we should go.

☐ 8. **certainly**

Certainly, your dream will come true.

☐ 9. **necessary**

More vegetables are *necessary*.

☐ 10. **warm**

It's much *warm*er today.

Day
49

📖 **Learn** : 모르는 단어 위주로 학습하세요

1. **maintain** [meintéin] [메인**테**인]

동유지하다, 부양하다

maintain the (prices/order)
가격/질서를 유지하다

2. **exist** [igzíst] [이ㄱ지스ㅌ]

동존재[실재]하다

The original files still *exist*.
원본 파일들이 아직 **존재한다.**

3. **note** [nout] [노(우)ㅌ]

명메모, 필기 동…에 주목하다, 언급하다

There is a *note* on the desk.
책상 위에 **메모**가 하나 있습니다.

4. **object** [ábdʒikt] [**압**직ㅌ]

명물건, 목표 동반대하다

They *object* to the new rule.
그들은 새 규칙에 **반대합니다.**

5. **policy** [páləsi] [**팔**러씨]

명정책, 방침

We'll talk over the *policy*.
방침에 관하여 논의할 것입니다.

6. army [á:rmi] [아~미]

명군대

How is your life in the *army*?
군 생활은 어떠세요?

7. thus [ðʌs] [터쓰]

부이와 같이, 따라서

Thus he started a new business.
이리하여 그는 사업을 새로 시작하였다.

8. certainly [sə́:rtnli] [써~튼리]

부분명히

I can *certainly* handle myself.
나는 분명히 혼자 해결할 수 있다.

9. necessary [nésəsèri] [네쓰쎄~리]

형필요한, 불가피한

Necessary items are *prepared.
필요한 물품들이 *준비되었다.

10. warm [wɔ:rm] [워~엄]

형동따뜻한[하게 하다]

I would like to take a *warm* bath.
따뜻한 물로 목욕하고 싶다.

✏ **Self Evaluation** : 빈칸에 알맞은 단어를 쓰세요.

1. _____ the top position
   정상의 자리를 유지하다.

2. Those problems don't _____ any more.
   그 문제들은 더 이상 존재하지 않는다.

3. A lady left a _____ for you.
   한 숙녀분이 쪽지를 남겼어요.

4. I'm holding an _____ in my hands.
   나는 양 손에 물건을 들고 있어요.

5. We set up a *strict _____ .
   *엄격한 방침을 세웠습니다.

6. He'll join the _____ soon.
   그는 곧 군대에 갑니다.

7. _____ , I insist we should go.
   그러므로 우리가 가야 한다고 나는 주장(생각)합니다.

8. _____ , your dream will *come true.
   분명히, 당신의 꿈은 실현될 것입니다. ✎ come true : 실현되다

9. More vegetables are _____ .
   채소가 더 필요하다.

10. It's much _____ er today.
    오늘 날씨가 훨씬 더 따뜻하다.

☐ 1. **purchase**

Please sign here on the *purchase*.

☐ 2. **rent**

Do you have a room for *rent*?

☐ 3. **young**

He is a sponsor for *young* kids.

☐ 4. **weather**

The *weather* is good/wet today.

☐ 5. **rule**

This *rule* will apply to all cases.

☐ 6. **environment**

environment-friendly car

☐ 7. **instance**

It's an *instance* of a success story.

☐ 8. **inside**

Would you come *inside* for a while?

☐ 9. **free**

I'll be *free* all evening.

☐ 10. **present**

I prepared a *present* for you.

Day
50

Learn : 모르는 단어 위주로 학습하세요

1. **purchase** [pə́ːrtʃəs] [퍼~쳐쓰]

명동구매(하다)

I want to *purchase* two more sets.
두 세트 더 **구입**하고 싶습니다.

2. **rent** [rent] [렌트]

명임대(료), 세 동빌리다

rent a car / pay the *rent*
차를 **빌리다**/**임대료**를 내다

3. **young** [jʌŋ] [영]

형젊은, 어린

I first saw her when I was *young*.
나는 **어릴** 때 그녀를 처음 보았다.

4. **weather** [wéðər] [웨더~]

명날씨, 기상

How's the *weather* in Paris?
파리의 **날씨**는 어떻습니까?

5. **rule** [ruːl] [루울]

명규칙 동지배하다

Keep the *rule* in mind.
규칙을 명심하십시오.

6. environment [inváiərənmənt] [인**바**이런먼ㅌ]

명환경

*protect the *environment*
환경을 *보호하다.

7. instance [ínstəns] [**인**ㅆ턴ㅆ]

명사례, 경우

Give me a similar *instance*.
비슷한 **사례**를 들어 주십시오.

8. inside [ìnsáid] [인**싸**이ㄷ]

명형안쪽(의) 전부안쪽에(으로)

Look *inside* this box.
이 상자의 안을 보세요.

9. free [fri:] [프리]

형부자유로운(롭게), 무료의(로) 동자유롭게 하다

Tickets are *free* today.
오늘은 승차권이 **무료**입니다.

10. present 형명[préznt][프**레**즌ㅌ] 동[prizént][프리**젠**ㅌ]

형명현재(의),참석(한), 선물 동제시하다

The *present* situation is hopeful.
현재의 상황이 희망적이다.

Day
50

Self Evaluation : 빈칸에 알맞은 단어를 쓰세요.

1. Please sign here on the _____ .
   구매에 관하여 서명해 주십시오.

2. Do you have a room for _____ ?
   세 놓는 방 있습니까?

3. He is a sponsor for _____ kids.
   그는 **어린**아이들의 스폰서(후원자)이다.

4. The _____ is good/wet today.
   오늘 **날씨**가 좋다/축축하다.

5. This _____ will *apply to all cases.
   이 **규칙**은 모든 경우에 *적용된다.

6. _____ -friendly car
   환경친화적인 자동차

7. It's an _____ of a success story.
   이것은 성공스토리(신화)의 한 **예**입니다.

8. Would you come _____ for a while?
   잠깐 **안으로** 들어오시겠어요?

9. I'll be _____ all evening.
   저녁 내내 **시간 있습니다**. (시간이 **자유롭다**)

10. I prepared a _____ for you.
    당신을 위해 **선물**을 준비했습니다.

Self Evaluation : 뜻을 아는 단어에 ☑ 표시하세요.

- [ ] 1 spend
- [ ] 2 camera
- [ ] 3 month
- [ ] 4 bank
- [ ] 5 subject
- [ ] 6 probably
- [ ] 7 quickly
- [ ] 8 worth
- [ ] 9 perfect
- [ ] 10 throughout
- [ ] 11 cost
- [ ] 12 reserve
- [ ] 13 chance
- [ ] 14 stock
- [ ] 15 figure
- [ ] 16 series
- [ ] 17 certain

- [ ] 18 therefore
- [ ] 19 easily
- [ ] 20 although
- [ ] 21 complicate
- [ ] 22 remove
- [ ] 23 model
- [ ] 24 source
- [ ] 25 design
- [ ] 26 birth
- [ ] 27 basis
- [ ] 28 else
- [ ] 29 exactly
- [ ] 30 separate
- [ ] 31 maintain
- [ ] 32 exist
- [ ] 33 note
- [ ] 34 object

- [ ] 35 policy
- [ ] 36 army
- [ ] 37 thus
- [ ] 38 certainly
- [ ] 39 necessary
- [ ] 40 warm
- [ ] 41 purchase
- [ ] 42 rent
- [ ] 43 young
- [ ] 44 weather
- [ ] 45 rule
- [ ] 46 environment
- [ ] 47 instance
- [ ] 48 inside
- [ ] 49 free
- [ ] 50 present

배운 단어를 얼마나 기억하세요? 정답은 270page 참조
- 맞은 갯수 30개 이하: 수고하셨어요. 한 번만 더 복습^^
- 맞은 갯수 30개 이상: OK! 어려운 단어 복습
- 맞은 갯수 40개 이상: Very Good!!

Self Evaluation : 빈칸을 채워 보세요.

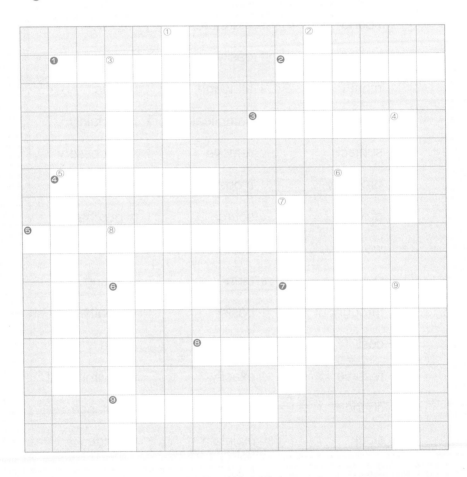

⚷ [세로열쇠]

① Tickets are ⬚ today. *D50*

② ⬚ he started a new business. *D49*

③ It's a full sized ⬚. *D48*

④ What ⬚ do you need? *D48*

⑤ The rumor is ⬚ true. *D46*

⑥ I first saw her when I was ⬚. *D50*

⑦ It was a ⬚ game! *D46*

⑧ I want to ⬚ two more sets. *D50*

⑨ Please ⬚ the bags on the floor. *D48*

⚷ [가로열쇠]

❶ Take a picture with a ⬚. *D46*

❷ It's our only ⬚. *D47*

❸ Look ⬚ this box. *D50*

❹ We'll talk over the ⬚. *D49*

❺ It may ⬚ the situation. *D48*

❻ Keep the ⬚ in mind. *D50*

❼ I can't ⬚ out why. *D47*

❽ The shoes are out of ⬚. *D47*

❾ the ⬚ of income/energy *D48*

Self Evaluation : 뜻 해석

1	(돈을) 쓰다, (시간을) 보내다	18	그러므로	35	정책, 방침
2	카메라	19	쉽게, 수월하게	36	군대
3	달[개월]	20	(비록)…이긴하지만	37	이와 같이, 따라서
4	은행, 둑	21	복잡하게 만들다	38	분명히
5	주제, 과목, 대상	22	치우다, 없애다	39	필요한
6	아마	23	모형, 본보기	40	따뜻한
7	빠르게	24	근원, 자료	41	구매(하다)
8	가치가 있는	25	디자인, 설계하다	42	임대, 세, 빌리다
9	완벽한	26	출생, 시작	43	젊은, 어린
10	도처에, 내내	27	근거, 기반	44	날씨, 기상
11	가격, 비용	28	그 밖의 다른	45	규칙
12	예약하다	29	정확히, 틀림없이	46	환경
13	기회	30	분리하다[된]	47	사례, 경우
14	재고품, 주식	31	유지하다	48	안쪽의, 안쪽에
15	수치, 모습, 계산하다	32	존재[실재]하다	49	자유로운, 무료의
16	일련, 연작물	33	메모, 필기	50	선물, 현재의
17	확실한, 특정한	34	물건, 반대하다		

왕초보 탈출 영단어 **ABC**

왕초보 탈출
영단어 Level 1

*Day
51 ~ **55**

이번 주에 배울 단어를 미리 살펴보세요!

1 grow	11 increase	21 focus	31 cook	41 turn
2 test	12 travel	22 demand	32 dance	42 plan
3 own	13 produce	23 earth	33 board	43 chicken
4 fall	14 ask	24 sound	34 soil	44 guard
5 thing	15 page	25 kind	35 access	45 picture
6 answer	16 term	26 matter	36 forward	46 content
7 well	17 among	27 after	37 also	47 often
8 wise	18 away	28 far	38 open	48 then
9 over	19 weekly	29 otherwise	39 dry	49 international
10 against	20 individual	30 single	40 low	50 main

Self Test : 뜻을 아는 단어에 ☑ 표시하세요.

□ 1. **grow**

His business is *grow*ing fast.

□ 2. **test**

I wish you good luck in your *test*.

□ 3. **own**

It's the office room of my *own*.

□ 4. **fall**

The stone tower **fell* down.   *fall의 과거

□ 5. **thing**

It's the only *thing* I have.

□ 6. **answer**

an *answer* to the (question/riddle)

□ 7. **well**

Bill is doing *well* at school.

□ 8. **wise**

He's such a *wise* man.

□ 9. **over**

The hat is turned *over*.

□ 10. **against**

They are *against* this action.

📖 **Learn** : 모르는 단어 위주로 학습하세요

1. **grow** [grou] [그로우]

   동자라다, 기르다, 가꾸다

   grow plants in the vegetable garden
   텃밭에서 식물들을 키우다

2. **test** [test] [테스트]

   명동시험, 검사[하다]

   What are your *test* scores?
   시험 점수가 어떻습니까?

3. **own** [oun] [오운]

   대…자신의 동소유하다

   She *own*s a lot of shops.
   그녀는 많은 상점을 소유하고 있다.

4. **fall** [fɔːl] [폴]

   동떨어지다, 넘어지다 명넘어짐, 폭포, 가을

   fall in the hallway
   복도에서 넘어지다

5. **thing** [θiŋ] [씽]

   명것, 물건

   You did the right *thing*.
   옳은 일을 하셨습니다.

6. answer [ǽnsər] [앤써~]

> 명동대답[하다]
>
> He *answer*ed me right away.
> 그는 내게 즉시 **대답했다**.

7. well [wel] [웰]

> 부잘, 철저히
>
> Robert acts very *well*.
> 로버트는 연기를 매우 잘합니다.

8. wise [waiz] [와이즈]

> 형현명한
>
> It was a *wise* decision for her.
> 그녀를 위한 **현명한** 결정이었다.

9. over [óuvər] [오우버~]

> 전···너머로, ···위에, ···뒤집어
>
> jump *over* a wall
> 담 **위**를 뛰어 넘다

10. against [əgénst] [어겐ㅅ트]

> 전···에 반대하여
>
> It is *against* the law.
> 그것은 법에 **위반**됩니다.

✏ Self Evaluation : 빈칸에 알맞은 단어를 쓰세요.

1. His business is [   ]ing fast.
   그의 사업이 빠르게 **성장**하고 있다.

2. I wish you good luck in your [   ].
   시험에서 행운이 있기를... (시험 잘 보세요)

3. It's the office room of my [   ].
   나의 (내 **자신**의) 사무실이다.

4. The stone tower [   ] down.
   돌탑이 **무너졌다**.

5. It's the only [   ] I have.
   이것은 내가 가진 유일한 **물건**이다.

6. an [   ] to the (question/riddle)
   질문/수수께끼에 대한 **답**

7. Bill is doing [   ] at school.
   빌은 학교 생활을 **잘**하고 있다.

8. He's such a [   ] man.
   그는 매우 **현명한** 사람입니다.

9. The hat is turned [   ].
   모자가 **뒤집혔다**.

10. They are [   ] this *action.
    그들은 이 *조치에 **반대**하고 있습니다.

Self Test : 뜻을 아는 단어에 ☑ 표시하세요.

□ 1. **increase**
Our profits/sales have *increase*d.

□ 2. **travel**
travel around the world

□ 3. **produce**
They *produce* many short films.

□ 4. **ask**
Can I *ask* you a favor?

□ 5. **page**
The picture is on *page* 10.

□ 6. **term**
Law *term*s are difficult.

□ 7. **among**
There is a house *among* the trees.

□ 8. **away**
Stay *away* from the fire.

□ 9. **weekly**
There is a *weekly* TV animation series.

□ 10. **individual**
Individual right is important.

Learn : 모르는 단어 위주로 학습하세요

1. increase [inkríːs] [인ㅋ리이스]

통증가하다, 증가시키다 명증가

Bike-only roads will *increase* soon.
자전거 전용도로가 곧 늘어날 것이다.

*참고
감소(하다): decrease

2. travel [trǽvəl] [트레블]

명동여행[하다]

travel by air / by bus
비행기로 /버스로 여행하다

3. produce 동[prədjúːs] 명[prádjuːs] [프러듀우쓰]

동생산하다, 초래하다 명농산물

The factory is *produc*ing toys.
이 공장은 장난감들을 생산하고 있다.

4. ask [æsk] [애ㅅㅋ]

통묻다, 요청하다

I have one thing to *ask* you.
한 가지 당신께 묻고 싶은 것이 있습니다.

5. page [peidʒ] [페이지]

명쪽, 면

Open your books at *page* 20.
책의 20쪽을 펴세요.

6. **term** [tə:rm] [터~ㅁ]

명용어, 기간

The soldiers serve a two-year *term*.
군인들은 2년의 **기간**을 복무합니다.

7. **among** [əmʌ́ŋ] [어몽]

전… 중에, …둘러싸여

James is popular *among* the girls.
제임스는 소녀들 **사이에** 인기가 있습니다.

8. **away** [əwéi] [어웨이]

부떨어져

I live far *away* from the downtown.
도심에서 멀리 **떨어진** 곳에서 살고 있다.

9. **weekly** [wíːkli] [윅클리]

형매주의 부매주마다 명주간지

Weekly classes are closed this month.
이 달에는 **주간** 수업들이 없다.

10. **individual** [ìndəvídʒuəl] [인더비주얼]

형각각의, 개인의 명개인

Individual cases should be reviewed.
개별 사례들의 검토가 필요하다.

✏️ **Self Evaluation** : 빈칸에 알맞은 단어를 쓰세요.

1. Our profits/sales have ⬚ d.
   수익/판매량이 **증가했다**.

2. ⬚ around the world
   세계 일주 **여행을 하다**

3. They ⬚ many short films.
   그들은 많은 단편 영화를 **제작한다**.

4. Can I ⬚ you a *favor?　✎ *favor: 호의
   부탁 하나 해도 될까요?

5. The picture is on ⬚ 10.
   그 사진은 10쪽에 있다.

6. Law ⬚ s are difficult.
   법률 **용어**는 어렵다.

7. There is a house ⬚ the trees.
   나무로 **둘러싸인** 집이 있습니다.

8. Stay ⬚ from the fire.
   화재현장에서 멀리 **떨어져** 계십시오!

9. There is a ⬚ TV animation series.
   매주 TV로 방영되는 애니메이션 시리즈가 있습니다.

10. ⬚ right is important.
   개인의 권리는 중요합니다.

Self Test : 뜻을 아는 단어에 ☑ 표시하세요.

☐ 1. **focus**
   Focus on one thing at a time.

☐ 2. **demand**
   He *demand*s too much.

☐ 3. **earth**
   The *earth* goes round the sun.

☐ 4. **sound**
   The alarm *sound* is too loud.

☐ 5. **kind**
   What *kind* of books do you like?

☐ 6. **matter**
   It's a personal *matter*.

☐ 7. **after**
   Call me *after* practice!

☐ 8. **far**
   We're leaving for a *far* away place.

☐ 9. **otherwise**
   Does anyone think *otherwise*?

☐ 10. **single**
   He kept studying every *single* day.

Learn : 모르는 단어 위주로 학습하세요

1. **focus** [fóukəs] [포우커쓰]

동집중하다[시키다] 명초점

focus on [helping (her) / business]
[~를 돕는 일에 / 사업에] **집중하다**.

2. **demand** [dimǽnd] [디멘드]

명동요구[하다]

She *demand*ed more services.
그녀는 서비스를 더 **요구했다**.

3. **earth** [əːrθ] [어~쓰]

명지구, 땅, 흙

The *earth* is still wet.
땅이 아직 축축하다.

4. **sound** [saund] [싸운드]

명소리 동~처럼 들리다 형견실한

Do you hear this *sound*?
이 **소리** 들리십니까?

5. **kind** [kaind] [카인드]

명종류 형친절한

Cindy was *kind* to me.
신디는 나에게 **친절했다**.

6. **matter** [mǽtər] [매터~]

명문제, 상황 동중요하다, 문제되다

What's the *matter* with you?
무슨 일 있으십니까?

7. **after** [ǽftər] [애프터~]

전접…후에 부나중에

He drives home *after* work.
업무가 끝나면(퇴근 후) 그는 운전해서 집으로 온다.

8. **far** [faːr] [파~]

부멀리 형먼

You went too *far*.
너무 멀리 가셨어요.

9. **otherwise** [ʌ́ðərwàiz] [아더~와이즈]

부(만약) 그렇지 않으면, 그 외에

Start now! *Otherwise*, you will miss the bus.
지금 출발하세요! 그렇지 않으면 버스를 놓칩니다.

10. **single** [síŋgl] [씽글]

형단 하나의 명한개, 한사람

Reserve a *single* room, please.
1인실 방 하나 예약해 주세요.

✏️ **Self Evaluation** : 빈칸에 알맞은 단어를 쓰세요.

1. _____ on one thing at a time.
   한 번에 한 가지 일에 **집중하세요**.

2. He _____ s too much.
   그는 너무 많이 **요구한다**.

3. The _____ goes round the sun.
   지구는 태양 주위를 돈다.

4. The alarm _____ is too loud.
   알람 **소리**가 너무 크다.

5. What _____ of books do you like?
   어떤 **종류**의 책을 좋아하십니까?

6. It's a personal _____ .
   이것은 개인적인 **문제입니다**.

7. Call me _____ practice!
   연습이 **끝나면** 전화주세요!

8. We're leaving for a _____ away place.
   우리는 **먼** 곳으로 떠날 것입니다.

9. Does anyone think _____ ?
   다르게 생각하는 분 있습니까?

10. He *kept studying every _____ day.
    그는 **매일** 연구를 계속했습니다.

    ✏️ * 'keep'의 과거
    : ~을 계속하다

☞ Self Test : 뜻을 아는 단어에 ☑ 표시하세요.

☐ 1. **cook**
Do you know how to *cook* shrimps?

☐ 2. **dance**
I don't feel like *danc*ing now.

☐ 3. **board**
The *board* meeting was put off.

☐ 4. **soil**
I need a flower pot for the *soil*.

☐ 5. **access**
get *access* to the website(a program)

☐ 6. **forward**
One step *forward*, please.

☐ 7. **also**
They are *also* responsible for it.

☐ 8. **open**
The book store is not *open* yet.

☐ 9. **dry**
dry wet towels/hair

☐ 10. **low**
Cook over *low* heat.

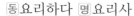 Learn : 모르는 단어 위주로 학습하세요

1. **cook** [kuk] [쿡]

동요리하다 명요리사

She *cook*s early in the morning.
그녀는 이른 아침에 요리를 합니다.

2. **dance** [dæns] [댄쓰]

명동춤[을 추다]

I attend a classical *dance* class.
나는 고전무용 수업을 듣고 있다.

3. **board** [bɔːrd] [보~드]

명…판, 이사회 동승선[탑승]하다

write a message on the *board*
게시판에 메시지를 적다.

4. **soil** [sɔil] [쏘일]

명흙

Children are playing with *soil*.
아이들이 흙을 가지고 놀고 있다.

5. **access** [ǽkses] [액쎄쓰]

명입장, 접근(권) 동(컴퓨터에) 접속하다, 접근하다

access clean air and water
맑은 공기와 물을 접하다.

6. forward [fɔ́ːrwərd] [포~워드]

부 앞으로

Please come *forward*.
앞으로 나와 주십시오.

7. also [ɔ́ːlsou] [올쏘(우)]

부 게다가, 또한

This movie is *also* very romantic.
또한 이 영화는 매우 낭만적이다.

8. open [óupən] [오우픈]

형 열려 있는 동 열다

A cat is coming in by the *open* door.
고양이가 열린 문으로 들어오고 있다.

9. dry [drai] [드라이]

형 마른 동 마르다, 말리다

It's a very *dry* season.
매우 건조한 계절입니다.

10. low [lou] [ㄹ로우]

형 부 낮은[게]

She drinks *low* fat milk.
그녀는 저지방 우유를 마신다.

✎ Self Evaluation : 빈칸에 알맞은 단어를 쓰세요.

1. Do you know how to [____] shrimps?
   새우요리 할 줄 아세요?

2. I don't *feel like [____]ing now.
   지금은 춤을 추고 싶지 않다.

   ✎ *feel like
   : ~할 마음이 들다

3. The [____] meeting was put off.
   이사회가 연기되었다.

4. I need a flower pot for the [____].
   나는 흙을 담을 화분이 필요하다.

5. get [____] to the website(a program)
   웹사이트(프로그램)에 접속하다

6. One step [____], please.
   한 발짝만 앞으로 나와 주십시오.

7. They are [____] *responsible for it.
   그들도 역시 *책임이 있다.

8. The book store is not [____] yet.
   서점이 아직 문을 열지 않았다.

9. [____] wet towels/hair
   젖은 수건을/머리를 말리다

10. Cook over [____] heat.
    낮은 온도에서 조리하십시오.

☞ Self Test : 뜻을 아는 단어에 ☑ 표시하세요.

- [ ] 1. **turn**
  My room *turn*ed into an office.

- [ ] 2. **plan**
  I'm *plan*ning to quit this job.

- [ ] 3. **chicken**
  I raise a few *chicken*s at home.

- [ ] 4. **guard**
  The police *guard*ed the building.

- [ ] 5. **picture**
  Please pose for *picture*s.

- [ ] 6. **content**
  The *content*s of the book are fun.

- [ ] 7. **often**
  Amy is *often* absent.

- [ ] 8. **then**
  Then, I will accept her help.

- [ ] 9. **international**
  He will play in the *international* match.

- [ ] 10. **main**
  What's the *main* issue?

Learn : 모르는 단어 위주로 학습하세요

1. **turn** [təːrn] [터~언]

동돌[리]다, 바꾸다, 켜다 명회전, 차례

Turn around and look!
뒤로 돌아서 보세요!

2. **plan** [plæn] [플랜]

명동계획[을 세우다]

I have a *plan* for the vacation.
방학(휴가)를 위한 계획이 있습니다.

3. **chicken** [ʧíkən] [치큰]

명닭, 닭고기

Place lemon on top of the *chicken*.
레몬을 닭고기 위에 올리세요.

4. **guard** [gaːrd] [가~드]

명경비 요원 동지키다, 보호하다

The *guards* *protected her all night long.
경비원들이 밤새 그녀를 *보호했다.

5. **picture** [píkʧər] [픽처~]

명그림, 사진 동…를 상상하다

This is a *picture* of my family.
나의 가족사진입니다.

6. content [kántent] [칸텐트]

명내용[물] 형만족하는

Are you *content* with the result?
결과에 **만족하십니까**?

7. often [ɔ́ːfən] [오펀]

부자주, 흔히

How *often* do you talk with your parents?
부모님과 얼마나 **자주** 대화하십니까?

8. then [ðen] [덴]

부그러면, 그런 후

Then, contact the manager now.
그런 후, 관리자에게 연락하십시오.

9. international [ìntərnǽʃənəl] [인터~내셔늘]

형국제적인

I have an *international* driver's license.
국제 운전면허증을 소지하고 있다.

10. main [mein] [메인]

형주요한

There are two *main* reasons.
두 가지 **주요한** 이유가 있습니다.

/ **Self Evaluation** : 빈칸에 알맞은 단어를 쓰세요.

1. My room [   ] ed into an office.
   내 방이 사무실로 **바뀌**었다.

2. I'm [   ] ning to *quit this job.
   이 일을 *그만둘 **계획**을 하고 있다.

3. I *raise a few [   ] s at home.
   집에서 **닭** 몇 마리를 *키우고 있다.

4. The police [   ] ed the building.
   경찰이 건물을 **지켰**다.

5. Please pose for [   ] s.
   사진 찍도록 포즈(자세를) 취해 주세요.

6. The [   ] s of the book are fun.
   그 책의 **내용**이 재미있다.

7. Amy is [   ] *absent.
   에이미는 **자주** *결석을 한다.

8. [   ] , I will accept her help.
   그렇다면, 그녀의 도움을 받아들이겠습니다.

9. He will play in the [   ] match.
   그녀는 **국제시합**에서 경기를 할 것이다.

10. What's the [   ] issue?
    주요 쟁점이 무엇입니까?

Self Evaluation : 뜻을 아는 단어에 ☑ 표시하세요.

☐ 1 grow	☐ 18 away	☐ 35 access
☐ 2 test	☐ 19 weekly	☐ 36 forward
☐ 3 own	☐ 20 individual	☐ 37 also
☐ 4 fall	☐ 21 focus	☐ 38 open
☐ 5 thing	☐ 22 demand	☐ 39 dry
☐ 6 answer	☐ 23 earth	☐ 40 low
☐ 7 well	☐ 24 sound	☐ 41 turn
☐ 8 wise	☐ 25 kind	☐ 42 plan
☐ 9 over	☐ 26 matter	☐ 43 chicken
☐ 10 against	☐ 27 after	☐ 44 guard
☐ 11 increase	☐ 28 far	☐ 45 picture
☐ 12 travel	☐ 29 otherwise	☐ 46 content
☐ 13 produce	☐ 30 single	☐ 47 often
☐ 14 ask	☐ 31 cook	☐ 48 then
☐ 15 page	☐ 32 dance	☐ 49 international
☐ 16 term	☐ 33 board	☐ 50 main
☐ 17 among	☐ 34 soil	

Review
11

배운 단어를 얼마나 기억하세요? 정답은 296page 참조
- 맞은 갯수 30개 이하: 수고하셨어요. 한 번만 더 복습^^
- 맞은 갯수 30개 이상: OK! 어려운 단어 복습
- 맞은 갯수 40개 이상: Very Good!!

🔑 Self Evaluation : 빈칸을 채워 보세요.

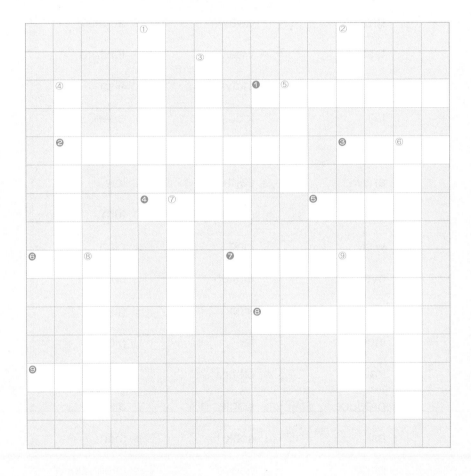

⚷ [세로열쇠]

① Are you [   ] with the result? *D55*

② She drinks [   ]-fat milk. *D54*

③ He [   ]ed me right away. *D51*

④ The factory is [   ]ing toys. *D52*

⑤ jump [   ] a wall *D51*

⑥ [   ] cases should be reviewed. *D52*

⑦ The [   ] is still wet. *D53*

⑧ Reserve a [   ] room, please. *D53*

⑨ The [   ]s protected her all night long. *D55*

⚷ [가로열쇠]

❶ Please come [   ]. *D54*

❷ Start now! [   ], you will miss the bus. *D53*

❸ Children are playing with [   ]. *D54*

❹ The soldiers serve a two-year [   ]. *D52*

❺ Cindy was [   ] to me. *D53*

❻ What's your [   ] scores? *D51*

❼ James is popular [   ] the girls. *D52*

❽ She [   ]ed more services. *D53*

❾ Robert acts very [   ]. *D51*

Self Evaluation : 뜻 해석

1 성장하다, 키우다	18 떨어져	35 입장, 접근
2 시험, 검사(하다)	19 매주의	36 앞으로
3 …자신의	20 각각의, 개인의	37 또한
4 떨어지다, 넘어지다	21 집중하다(시키다)	38 열린, 열다
5 것, 물건	22 요구(하다)	39 마른, 건조한
6 대답(하다)	23 지구	40 낮은[게]
7 잘, 철저히	24 소리	41 돌다, 바꾸다
8 현명한	25 종류	42 계획(을 세우다)
9 …너머, …위에	26 문제, 상황	43 닭, 닭고기
10 …에 반대하여	27 …후에	44 경비 요원
11 증가하다(시키다)	28 멀리	45 그림, 사진
12 여행(하다)	29 그렇지 않으면	46 내용물
13 생산[초래]하다	30 단 하나의	47 자주, 흔히
14 묻다, 요청하다	31 요리하다	48 그러면, 그런후
15 쪽, 면	32 춤(을 추다)	49 국제적인
16 용어, 기간	33 판, 이사회	50 주요한
17 …중에, …에 둘러싸여	34 흙	

왕초보 탈출 영단어 ABC

왕초보 탈출
영단어 Level 1

*Day
56 ~ 60

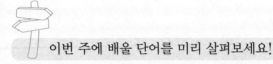

이번 주에 배울 단어를 미리 살펴보세요!

1 buy	11 run	21 fit	31 hold	41 offer
2 leave	12 either	22 neither	32 nothing	42 alternative
3 garden	13 community	23 development	33 variety	43 child
4 range	14 definition	24 language	34 video	44 site
5 rate	15 safety	25 management	35 week	45 case
6 reason	16 quality	26 player	36 country	46 exercise
7 style	17 however	27 too	37 always	47 image
8 very	18 never	28 usually	38 sometimes	48 action
9 only	19 professional	29 follow	39 whole	49 actually
10 potential	20 complete	30 special	40 original	50 bad

☞ **Self Test** : 뜻을 아는 단어에 ☑ 표시하세요.

□ 1. **buy**
I'm going to *buy* it on sale.

□ 2. **leave**
leave foods on the plate

□ 3. **garden**
He does the *garden*ing every week.

□ 4. **range**
the *range* of 5 to 10kg

□ 5. **rate**
My writing was *rate*d A.

□ 6. **reason**
What's the *reason*?

□ 7. **style**
I'm used to Italian *style*.

□ 8. **very**
I'm *very* sorry to hear that.

□ 9. **only**
I have *only* 3 days until the contest.

□ 10. **potential**
develop *potential* abilities

Day 56

Learn : 모르는 단어 위주로 학습하세요

1. **buy** [bai] [바이]

동사다

I'll *buy* you whatever you want.
당신이 원하는 것을 사줄게요.

2. **leave** [liːv] [ㄹ리이브]

동떠나다, 남기다, …상태로 두다

You'd better *leave* now.
지금 출발하는 것이 좋겠어요.

3. **garden** [gáːrdn] [가~든]

명동정원(을 가꾸다)

He is *weeding in the *garden*.
그는 정원에서 *잡초를 제거하고 있다.

4. **range** [reindʒ] [레인지]

명다양성, 범위　동~에 이르다

We have a wide *range* of products.
저희는 다양한 제품을 갖추고 있습니다.

5. **rate** [reit] [레잍ㅌ]

명속도, 비율, 요금　동평가하다

Telephone *rate*s are an extra.
전화 요금은 별도입니다.

6. **reason** [ríːzn] [리즌]

명이유

I have no *reason* to go there.
나는 그곳에 갈 이유가 없다.

7. **style** [stail] [스타일]

명방식, 스타일, 유행

It's in *style* / out of *style*.
~이 유행이다/유행이 지났다.

8. **very** [véri] [베리]

부매우, 아주

He's *very* good at Chinese.
그는 중국말을 매우 잘한다.

9. **only** [óunli] [오운리]

형유일한 부오직, 단지

She's the *only* daughter.
그녀는 외동딸이다.

10. **potential** [pəténʃəl] [퍼텐셜]

형가능성이 있는 명가능성, 잠재력

He has great *potential*.
그는 잠재성이 풍부하다.

Self Evaluation : 빈칸에 알맞은 단어를 쓰세요.

1. I'm going to [_____] it on sale.
   그것을 세일 기간에 **구입할** 예정이다.

2. [_____] foods on the plate
   접시에 음식을 **남기다**

3. He does the [_____]ing every week.
   그는 매주 **정원 손질**을 한다.

4. the [_____] of 5 to 10kg
   5~10kg **범위**의 무게

5. My writing was [_____]d A.
   내가 쓴 글(작문)이 최고 **등급**을 받았다.

6. What's the [_____]?
   이유가 무엇입니까?

7. I'm *used to Italian [_____].
   이태리식의 문화에 ***익숙해졌어요**.

8. I'm [_____] sorry to hear that.
   정말 유감입니다. (안타까운 소식을 들었을 때)

9. I have [_____] 3 days until the contest.
   대회 날까지 3일밖에 여유가 없다.

10. develop [_____] abilities
    잠재 능력을 개발하다.

☞ Self Test : 뜻을 아는 단어에 ☑ 표시하세요.

□ 1. **run**
He *run*s his own business.

□ 2. **either**
I don't mind *either* way.

□ 3. **community**
I work in my *community*.

□ 4. **definition**
What is the *definition* of love?

□ 5. **safety**
Do you know *safety* tips?

□ 6. **quality**
The *quality* of the product is good.

□ 7. **however**
However, no one was depressed.

□ 8. **never**
We will *never* do you harm.

□ 9. **professional**
We need *professional* help.

□ 10. **complete**
I *complete*d the form.

Day
57

Learn : 모르는 단어 위주로 학습하세요

1. run [rʌn] [런]

图달리다, 운영하다

She *run*s in the race.
그녀는 경주에서 **달리기를** 한다.

2. either [íːðər] [이이더~]

때(둘 중) 어느 하나의 图…또한, 역시

Either one is fine.
어느 쪽이든 좋습니다.

3. community [kəmjúːnəti] [커뮤너티]

图지역사회, 공동체

do *community* service
지역 봉사 활동을 하다.

4. definition [dèfəníʃən] [데퍼니션]

图정의, 의미

Its *definition* is not clear.
정의가 명확하지 않다.

5. safety [séifti] [쎄이프티]

图안전성

*develop a *safety* system
안전 시스템을 *개발하다.

6. quality [kwáləti] [콸러티]

명(제품 등의) 질, 우수함

Send us high-*quality* goods.
품질이 좋은 상품들을 보내 주십시오.

7. however [hauévər] [하우에버~]

부그러나 부아무리 …해도

However, he changed his mind.
하지만, 그가 마음을 바꾸었습니다.

8. never [névər] [네버~]

부결코 …않다

Never *give up / mind!
절대로 포기/염려하지 마십시오.

9. professional [prəféʃənl] [프러패셔늘]

형전문적인 명전문가

become a *professional* golfer
프로 골프 선수가 되다

10. complete [kəmplíːt] [컴플리잍ㅌ]

형완벽한 동완료하다

Speak in *complete* sentences!
완벽한 문장으로 말씀해 주십시오!

Self Evaluation : 빈칸에 알맞은 단어를 쓰세요.

1. He [_____]s his own business.
   그는 자신의 사업을 운영한다.

2. I don't *mind [_____] way. *1–Day31
   어느 쪽이나 괜찮아요.

3. I work in my [_____].
   나는 나의 **지역사회**에서 일을 합니다.

4. What is the [_____] of love?
   사랑의 **정의**는 무엇일까요?

5. Do you know [_____] tips?
   안전 수칙들을 알고 계십니까?

6. The [_____] of the product is good.
   제품의 **질**이 좋군요.

7. [_____], no one was *depressed.
   하지만, 아무도 *낙담하지 않았다.

8. We will [_____] do you *harm.
   당신에게 **절대로** *해를 끼치지 않을 것입니다.

9. We need [_____] help.
   전문적인 도움이 필요하다.

10. I [_____]d the form.
    서류를 **완성**했습니다.

☞ Self Test : 뜻을 아는 단어에 ☑ 표시하세요.

□ 1. **fit**
My gloves *fit* my hands.

□ 2. **neither**
Neither of them has a car.

□ 3. **development**
work for product *development*

□ 4. **language**
learn a foreign *language*

□ 5. **management**
Time *management* was done well.

□ 6. **player**
The *player* didn't stop practicing.

□ 7. **too**
My coffee is *too* strong.

□ 8. **usually**
I *usually* wake up at 7 a.m.

□ 9. **follow**
Follow the directions.

□ 10. **special**
A *special* program is necessary.

Day
58

Learn : 모르는 단어 위주로 학습하세요

1. fit [fit] [핕ㅌ]

동꼭 맞다 형적합한

This shirt *fit*s me.
이 셔츠가 내게 잘 맞는다.

2. neither [níːðər] [니이더~]

형대부(둘 중)어느 것도 아니다, 역시…않다.

Neither answer is *correct.
누구의 대답도*옳지 않다.

3. development [divéləpmənt] [디벨럽먼ㅌ]

명발달, 성장

the *development* of a new program
새로운 프로그램의 개발

4. language [léŋgwidʒ] [랭귀지]

명언어

She's talented in *language*s.
그녀는 언어에 재능이 있다.

5. management [mǽnidʒmənt] [매니쥬먼ㅌ]

명경영[진], 관리

It will be decided by the *management*.
그것은 경영진에 의해 결정될 것이다.

6. player [pléiər] [플레이어~]

명선수

The *player*'s skills are excellent.
그 선수의 기량이 훌륭하다.

7. too [tuː] [투우]

부너무, 아주

I put *too* much salt.
소금을 너무 많이 넣었다.

8. usually [júːʒuəli] [유주얼리]

부보통, 대개

When do you *usually* leave work?
퇴근은 대개 언제쯤 하십니까?

9. follow [fálou] [팔로우]

동따라가[오]다, 뒤를 잇다

Follow my car to the city hall.
시청까지 제 차를 따라오십시오.

10. special [spéʃəl] [ㅅ페셜]

형특별한

She is my *special* guest.
그녀는 저의 특별 손님입니다.

✏️ **Self Evaluation** : 빈칸에 알맞은 단어를 쓰세요.

1. My gloves ⬚ my hands.
   내 장갑이 손에 **딱 맞는다**.

2. ⬚ of them has a car.
   그들 중 **아무도** 차를 가지고 있지 않습니다.

3. work for product ⬚
   상품개발을 위해 일하다.

4. learn a foreign ⬚
   외국어를 배우다.

5. Time ⬚ was done well.
   시간 **관리**가 잘 되었다.

6. The ⬚ didn't stop practicing.
   그 **선수**는 연습을 멈추지 않았다.

7. My coffee is ⬚ strong.
   내 커피가 **너무** 진하다.

8. I ⬚ wake up at 7 a.m.
   난 **보통** 아침 7시에 일어난다.

9. ⬚ the directions.
   지침을 **따르십시오**. (지침대로 하시면 됩니다)

10. A ⬚ program is necessary.
    우리에게 **특별한** 프로그램이 필요하다

☞ Self Test : 뜻을 아는 단어에 ☑ 표시하세요.

□ 1. **hold**
   hold a party (a meeting)

□ 2. **nothing**
   Nothing is impossible for us.

□ 3. **variety**
   A *variety* of foods are ready.

□ 4. **video**
   (play / pause) a *video*

□ 5. **week**
   Bring it back by next *week*!

□ 6. **country**
   travel to a foreign *country*

□ 7. **always**
   She *always* smiles at me.

□ 8. **sometimes**
   Sometimes, I eat out here.

□ 9. **whole**
   whole-heartedly support the students

□ 10. **original**
   Can I get an *original* copy?

Learn : 모르는 단어 위주로 학습하세요

1. **hold** [hould] [호울드]

[통]잡다, 유지하다, 개최하다

Hold the rope tight.
밧줄을 꼭 붙잡으세요.

2. **nothing** [nʌ́θiŋ] [낱씽]

[대]아무것도 …아니다

There's *nothing* I can do.
내가 할 수 있는 일이 **없다**.

3. **variety** [vəráiəti] [버라이어티]

[명]여러 가지, 다양성

We need a *variety* of materials.
우리는 **다양한** 재료들이 필요합니다.

4. **video** [vídiòu] [비디오(우)]

[명]영상, 녹화

Watch the *video*.
영상을 보세요.

5. **week** [wiːk] [위일ㅋ]

[명]일주일

I worked overtime all *week*.
금주 내내 초과 근무를 했다.

6. **country** [kʌ́ntri] [컨트리]

圏나라, 시골

She's living in the *country*.
그녀는 **시골**에서 살고 있다.

7. **always** [ɔ́:lweiz] [올웨이즈]

團언제나, 늘

He *always* comes on time.
그는 **항상** 제시간에 온다.

8. **sometimes** [sʌmtàimz] [썸타임즈]

團때때로, 가끔

I *sometimes* hike in the mountains.
나는 **가끔** 산에서 하이킹을 한다. (등산을 한다)

9. **whole** [houl] [호울]

圏圈전체(의)

The *whole* family agreed.
가족 **전체**가 동의했다.

Day
59

10. **original** [ərídʒənl] [어~리지늘]

圈원래의

This is my *original* plan.
이것이 **원래** 나의 계획입니다.

✏️ **Self Evaluation** : 빈칸에 알맞은 단어를 쓰세요.

1. _____ a party (a meeting)
   파티(회의)를 **열다**.

2. _____ is impossible for us.
   우리에게 불가능은 **없다**.

3. A _____ of foods are ready.
   여러 가지 음식이 준비되어있습니다.

4. (play / pause) a _____
   비디오를 (재생하다 / 잠깐 멈추다)

5. Bring it back by next _____ !
   다음 주까지 가져오세요!

6. travel to a foreign _____
   외국으로 여행하다

7. She _____ smiles at me.
   그녀는 나를 보고 **항상** 웃어준다.

8. _____ , I eat out here.   ✎ *eat out : 외식하다
   가끔은 여기에서 외식을 합니다.

9. _____-heartedly support the students
   학생들을 *진심으로(온 마음으로) 후원하다.

10. Can I get an _____ copy?
    원본을 구할 수 있습니까?

☞ Self Test : 뜻을 아는 단어에 ☑ 표시하세요.

□ 1. **offer**
This shop *offer*s many services.

□ 2. **alternative**
What are other *alternative*s?

□ 3. **child**
Write down your *child*'s name.

□ 4. **site**
look for a camping *site*

□ 5. **case**
Such *case*s are not normal.

□ 6. **exercise**
do the grammar *exercise*

□ 7. **image**
I can't forget the girl's *image*.

□ 8. **action**
I like *action* movies.

□ 9. **actually**
Actually, It's my first time here.

□ 10. **bad**
Luckily, the weather is not *bad*.

📖 **Learn** : 모르는 단어 위주로 학습하세요

1. offer [ɔ́:fər] [오퍼~]

명동(제안, 제공)하다

They *offer*ed him a job.
그들은 그에게 일자리를 제안했다.

2. alternative [ɔ:ltə́:rnətiv] [올터~너티브]

명대안 형대체 가능한

develop an *alternative* energy
대체 에너지를 개발하다.

3. child [ʧaild] [차일드]

명아이

She's my *youngest *child*.
그녀는 나의 막내아이이다.

*young+est
: 가장 어린

4. site [sait] [싸잍ㅌ]

명위치, 현장 동위치시키다

the *site* for a museum
박물관을 위한 부지

5. case [keis] [케이쓰]

명경우, 사건

The *case* was finally solved.
사건이 마침내 해결되었다.

6. **exercise** [éksərsàiz] [엑써~싸이즈]

동명 운동(하다), 연습문제

I *exercise* (do *exercise*) every morning.
나는 매일 아침 운동을 한다.

7. **image** [ímidʒ] [이미쥬]

명 상, 모습

show a good *image* of (~)
~의 좋은 이미지를 보여주다.

8. **action** [ǽkʃən] [액션]

명 행동, 조치

Filming is already in *action*.
촬영이 이미 실행 중이다.

9. **actually** [ǽkʧuəli] [액추얼리]

부 실제로, 사실은

Actually, I'm not related.
사실 나는 관련이 없어요.

10. **bad** [bæd] [배드]

형 나쁜

Smoking is *bad* for your health.
흡연은 건강에 해롭다.

Day
60

✎ **Self Evaluation** : 빈칸에 알맞은 단어를 쓰세요.

1. This shop _____ s many services.
   이 상점은 많은 서비스를 제공합니다.

2. What are other _____ s?
   다른 대안들은 무엇입니까?

3. Write down your _____ 's name.
   아이의 이름을 적어주십시오.

4. look for a camping _____
   캠핑 장소를 찾아보다.

5. Such _____ s are not *normal.
   그러한 경우들은 *흔하지 않다.

6. do the grammar _____
   문법 연습문제를 풀다

7. I can't forget the girl's _____ .
   소녀의 모습이 잊혀지지 않는다.

8. I like _____ movies.
   저는 액션 영화를 좋아합니다.

9. _____ , It's my first time here.
   사실, 이곳은 저에게 처음입니다.

10. Luckily, the weather is not _____ .
    다행히, 날씨가 나쁘지 않다.

Self Evaluation : 뜻을 아는 단어에 ☑ 표시하세요.

☐ 1 buy	☐ 18 never	☐ 35 week
☐ 2 leave	☐ 19 professional	☐ 36 country
☐ 3 garden	☐ 20 complete	☐ 37 always
☐ 4 range	☐ 21 fit	☐ 38 sometimes
☐ 5 rate	☐ 22 neither	☐ 39 whole
☐ 6 reason	☐ 23 development	☐ 40 original
☐ 7 style	☐ 24 language	☐ 41 offer
☐ 8 very	☐ 25 management	☐ 42 alternative
☐ 9 only	☐ 26 player	☐ 43 child
☐ 10 potential	☐ 27 too	☐ 44 site
☐ 11 run	☐ 28 usually	☐ 45 case
☐ 12 either	☐ 29 follow	☐ 46 exercise
☐ 13 community	☐ 30 special	☐ 47 image
☐ 14 definition	☐ 31 hold	☐ 48 action
☐ 15 safety	☐ 32 nothing	☐ 49 actually
☐ 16 quality	☐ 33 variety	☐ 50 bad
☐ 17 however	☐ 34 video	

배운 단어를 얼마나 기억하세요? 정답은 322page 참조
• 맞은 갯수 30개 이하: 수고하셨어요. 한 번만 더 복습^^
• 맞은 갯수 30개 이상: OK! 어려운 단어 복습
• 맞은 갯수 40개 이상: Very Good!!

🗝 Self Evaluation : 빈칸을 채워 보세요.

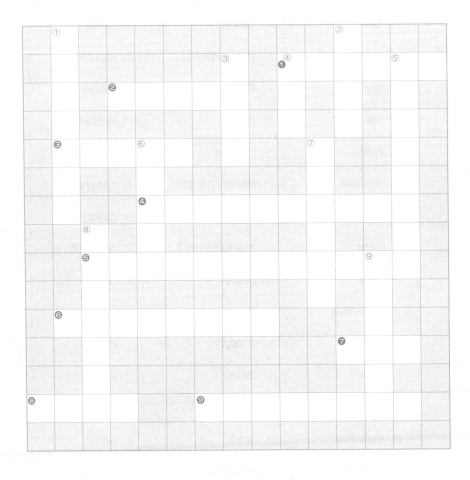

🔑 [세로열쇠]

① When do you ⬚ leave work? *D58*

② Telephone ⬚ s are an extra. *D56*

③ I worked overtime all ⬚. *D59*

④ She ⬚ s in the race. *D57*

⑤ This is my ⬚ plan. *D59*

⑥ Watch the ⬚. *D59*

⑦ Filming is already in ⬚. *D60*

⑧ She is my ⬚ guest. *D58*

⑨ He ⬚ comes on time. *D59*

🔑 [가로열쇠]

❶ I have no ⬚ to go there. *D56*

❷ We have a wide ⬚ of products. *D56*

❸ You'd better ⬚ now. *D56*

❹ What is the ⬚ of love? *D57*

❺ become a ⬚ golfer *D57*

❻ ⬚, I'm not related. *D60*

❼ Smoking is ⬚ for your health. *D60*

❽ ⬚ the rope tight. *D59*

❾ I ⬚ every morning. *D60*

Self Evaluation : 뜻 해석

1	사다	18	결코 …않다	35	일주일
2	떠나다	19	전문적인	36	나라
3	정원(을 가꾸다)	20	완벽한	37	언제나, 늘
4	다양성, 범위	21	꼭 맞다	38	때때로, 가끔
5	속도, 비율, 요금	22	어느것도 아니다	39	전체(의)
6	이유	23	발달, 성장	40	원래의
7	방식, 스타일	24	언어	41	제안[제공]하다
8	매우, 아주	25	경영, 관리	42	대안
9	유일한	26	선수	43	아이
10	잠재력(이 있는)	27	너무, 아주	44	위치, 현장
11	달리다, 운영하다	28	보통, 대개	45	경우, 사건
12	(둘 중)어느 하나의	29	따르다, 뒤를잇다	46	운동, 연습문제
13	지역사회, 공동체	30	특별한	47	그림, 인상
14	정의, 의미	31	잡다, 개최하다	48	행동, 조치
15	안전성	32	아무것도 …아니다	49	실제로, 사실은
16	(제품 등의) 질, 우수함	33	여러 가지, 다양성	50	나쁜
17	그러나, 아무리 …해도	34	영상, 녹화		

왕초보 탈출 영단어 ┃ Level 1

부록

appendix

Level 1 [부록] 주제별 단어장

– 필요에 따라 활용하시기 바랍니다.

가족 (family)	
며느리	daughter-in-law
사위	son-in-law
사촌	cousin
삼촌,이모부,큰아버지..	uncle
손녀	granddaughter
손자	grandson
이모,고모,숙모..	aunt
장모,시어머니	mother-in-law
장인,시아버지	father-in-law
조카 /조카딸	nephew / niece
증조할머니	great-grandmother
증조할아버지	great-grandfather
친척	relative
형제자매	sibling

가사 / 가정 (domestic affairs)	
가사노동	domestic chore
집안일	house chore
(걸레 등으로)닦다	wipe
(방을)정리하다	tidy up (my room)
대걸레질하다	mop the floor
먼지를 털다	dust
빨래를 말리다	dry clothes
설거지하다	do (wash) the dishes
세탁하다	do the laundry
쓰레기를 내가다	take out the garbage
쓸다	sweep
육아	childcare
재활용하다	recycle
진공청소기로 청소하다	vacuum the floor
청소하다	clean (the room)
헹구다	rinse

음식점 (restaurant)	
많이 먹었습니다.	I've had enough.
맛있게 드십시오.	Help yourself.
소금 좀 건네주세요.	Pass me the salt, please!
오늘의 특별요리는?	What's the special of the day?
외식하다	eat out
이 음식 들어보세요.	Try this food.
테이블을 예약하다	reserve(=book) a table

음식, 맛 /식사 (food /having meals)	
식욕	appetite
입맛에 맞다	It suits my taste.
맛(taste)	
싱겁다	It tastes bland.
(신맛/짠맛/단맛)이 난다	It tastes (sour/salty/sweet).
쓴맛이 난다	It tastes bitter.
느끼한 / 신선한	greasy / fresh
매운	spicy
식탁 (on the table)	
찌게	stew
국수	noodles
나물	herb, vegetable
반찬	side dish
육수, 국물	meat broth
식탁을 차리다	set the table
식탁을 치우다	clear the table
음식을 차리다	serve the food

요리 (cooking)	
~로 양념하다	season with ~
끓이다, 삶다	boil
볶다 / 튀기다	fry / deep fry
젓다	stir
찌다	steam
얇게 썰다	slice
4등분하다	cut into 4 pieces
반으로 나누다	cut in half
잘게 썰다	chop up

용모 (appearance)	
매력적인	attractive
통통한	chubby
너무 마른	so skinny
과 체중의	overweight
다이어트 하다	go on a diet
체중이 늘다	gain(=put on) weight
체중이 줄다	lose weight

화장 (makeup)	
립스틱을 바르다	put lipstick on (my) lips
매니큐어를 바르다	wear nail polish
손톱을 다듬다	trim (my) nails
화장을 하다	put on (my) makeup

머리 (hair)	
퍼머하다	get my hair permed
머리를 빗다	comb (brush) my hair
머리를 염색하다	dye hair
머리를 자르다	get a haircut

의복 / 차림새 (costume)	
당신과 잘 어울립니다	look(s) good on you
~이 셔츠와 어울린다	It goes well with your shirt.
단색무늬	plain
물방울무늬	polka-dot
체크무늬	checked
줄무늬	striped

의복 (costume)	
속옷	underwear
구두	shoes
반바지/ 바지	shorts / pants
상의	a jacket
업무 및 작업용 상의	jumper
와이셔츠	a dress shirt
운동화	sneakers, sports shoes
정장 한 벌	a pair of suit
치마	a skirt
코트	a coat

기타(etc.)	
옷을 갈아입다	change clothes
입다 /벗다	put on / take off
난추를 채우다/ 풀다	button up / unbutton
탈의실	dressing (=fitting) room

감정 (feeling, emotion)	
기쁜	glad, pleased
감동받은	touched, impressed
긴장한, 초조한	nervous
놀란 /깜짝 놀란	surprised /shocked
만족한	satisfied
신나는	excited
자극 받은	motivated
당황한	embarrassed
걱정하는	worried
겁먹은	scared
답답하게 느끼다	feel stuffy (or) feel heavy
우울한	depressed
좌절한	frustrated
지루하게 느끼는	bored

성격 (characters)	
까다로운	picky/ hard to please
건망증이 있는	forgetful (=absent minded)
관대한	generous
내성적인	shy, reserved
보수적인	conservative
상냥한	soft-hearted
예민한	sensitive
완고한	stubborn
외향적인	outgoing, extroverted
원만한	easy-going
이기적인	selfish
인내하는	patient
침착한	calm
호감이 가는	likable

여행 (traveling)	
패캐지여행을 가다	take a package tour
(제주도)로 여행을 가다	travel to (Jeju)
해외로 여행하다	travel abroad
항공편(호텔)을 예약하다	reserve a flight(hotel)
통로좌석 / 창가좌석	aisle seat / window seat
여행경비	travel expense
여행일정	itinerary
여행사	travel agency

왕초보 탈출 영단어 **I** Level 1